徽州容像

安徽中国徽州文化博物馆 编

目录

明代容像

徽

州

容

像

徽
州
容
像

明

纸质

130厘米*83.5厘米

明 ｜ 纸质 ｜ 185 厘米 ＊94.5 厘米

徽 州 容 像

明代容像

明 │ 纸质 │ 146厘米 *82厘米

練溪程表養王僑贊
玉泉清冰古
飽氣象道探
荒教鋒石
筬面闾譽鑿參
質名，喬事正元
生之火歸公友
協懷之儒妄碩此子
如己堆芝泥逃进亲
惠像凜然
門人速尤投後贊

明

纸质

184 厘米 ×95 厘米

秩下泉孖人之位

秩下泉府君之位

明　纸质　153厘米＊85厘米

徽州容像

明末期 | 纸质 | 125厘米 *61厘米

徽

州

容

像

明末清初 — 纸质 — 138 厘米 *81 厘米

明末清初丨纸质丨163.5厘米 *95 厘米

清代容像

徽

州

容

像

清早期 | 纸质 | 125 厘米 *61 厘米

清早期 ｜ 纸质 ｜ 129 厘米 *83 厘米

清早期 | 纸质 | 144.5 厘米 *82.5 厘米

清早期 ｜ 纸质 ｜ 165 厘米 *95 厘米

清早期 ｜ 纸质 ｜ 150 厘米 ＊101 厘米

清 — 纸质 — 157 厘米 *93.5 厘米

栈崗公像贊
幼游芹泮長篤成均本
六行以修己麦百里而
蘇民政平嚴樂俗美風
鴻對上官而諤諤抗節激
時政而慰慰陳峋峨遠
謫旋亦被仲見幾明決
辭位養親琴鶴自隨名
重縉紳時吾黨之多士
就有進退以禮如友於
戲象山遺麦安仁餘韻凌
之觀公像者盍亦知公之
為人
藤溪陳新揆

清 | 纸质 | 124 厘米 *63.5 厘米

清 ｜ 纸质 ｜ 147厘米 *71.5厘米

皇清例封孺人胡太君世伯母
金太孺人暨
皇清例封孺人胡太老世伯母
汪太孺人合贊
溫溫孺人後先美濟車騎之
胄龍驤淵生蕙叢蠶遊愛
婉嫟陸驤淵生蕙叢蠶遊愛
閫操特繼鴻案鹿車綦巾縞
宥替人式符伉儷壹範免彰
秩渥疊三珠芬流四桂天一
地二六陽合契共叶鳳鏘同
服翟彗栗主星輝芝儀月霽
子子孫孫本支百世
光緒元年歲在乙亥季秋月
世再姪許懋和頓首謹題

四十世致封七品孺人祖妣從安定郡虞氏夫君 神位

四十二世祖妣從安定郡汪氏孺人 神位

四十三世祖妣從安定郡舒氏孺人 神位

皇清顯妣沒金定郡金氏孺人 神位

四十五世祖妣從安定郡程氏孺人 神位

四十五世祖妣從安定郡汪氏孺人 神位

四十六世祖考繼妣從安定郡朱氏秀元孺人 神位

清 | 纸质 | 133 厘米 *71.5 厘米

清 | 纸质 | 128.5 厘米 ＊66.5 厘米

徽 州 容 像

清 — 纸质 — 132 厘米 *64.8 厘米

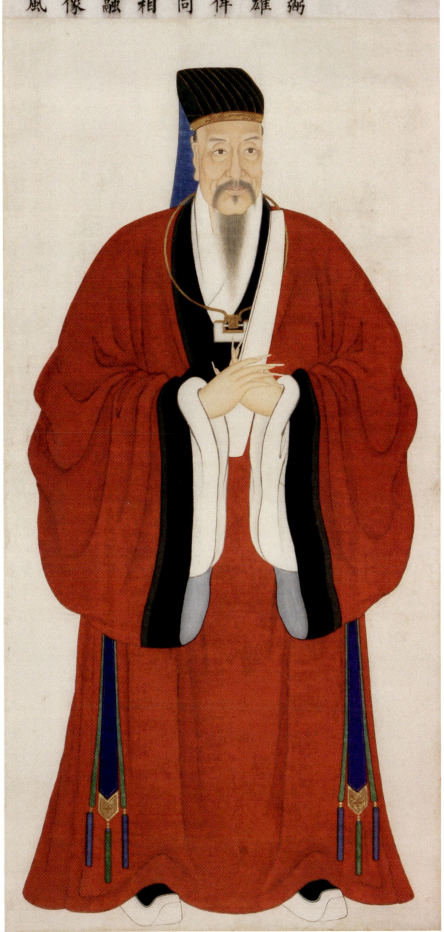

御贊尚書令

漢酇侯

方儲

天生良弼

冠世之雄

伊呂德侔

蕭曹功同

裁成輔相

四海春融

圖汝之像

煥耀宗風

年代不详 | 纸质 | 241 厘米 *120.5 厘米

清 ｜ 纸质 ｜ 130.5 厘米 * 64.5 厘米

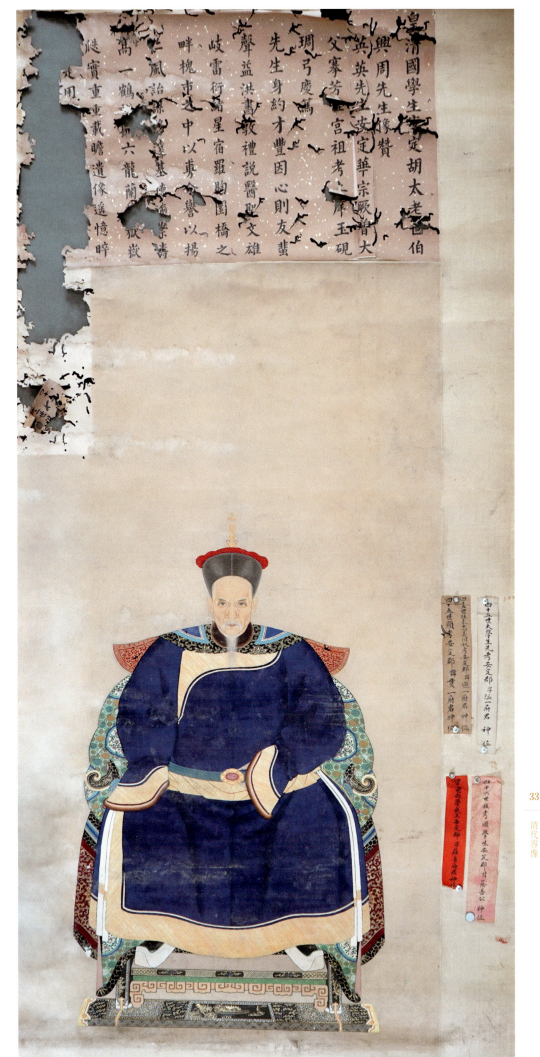

皇清國學生寶定胡太老世伯

興周先生像贊
以英先生娶定華宗厥曾大
父寮芳室宮祖考之犀玉硯
珣弓慶焉大人
先生身約才豐因心則友蜚
聲益洪書敷禮說醫型文雄
岐雷行簫星宿羅胸圍橋之
畔槐市逃中以妻介譽以揚
二風詒諫列蓮基盧業壽
高一鶴蘭治獄嶽
雄實重載瞻遺像遙憶瞕
㳠定用

清代容像

清 │ **纸质** │ 128 厘米 *71 厘米

清 — 纸质 — 133 厘米 *94 厘米

清代容像

清｜纸质｜143.5厘米＊85.5厘米

白玉思家萬里回小軒注
水為花開故疏高作诗子
昔知是多情游々来
孫寫

春入西湖玉变花祺骨芽
草抱山料君々解楓昵
烟浦脉々掌埋傷酒家
秋泉

年代不详｜纸质｜114厘米 *82厘米

清 ｜ 纸质 ｜ 150 厘米 *94 厘米

致齋公像讚

霞姿玉韻鶴峙鸞停雙
瞳炯然有如曙星蓋道
與之貌天與之形觀其
容止可以得其生平三
十而譽著四十而官成
五十而退於服溏然
其無譽可以仕則仕可
以止則止由仲尼之道
反諸身而誠若斯人者
其猶可列于三代之英

賜進士南京工部虞
衡清吏司郎中治
生錢貢拜撰
隆慶三年十二月 穀旦

清　纸质　132厘米 *65厘米

清 — 纸质 — 240 厘米 *121.5 厘米

清 | 纸质 | 152 厘米 *92 厘米

清｜纸质｜150厘米＊89厘米

清 ｜ 纸质 ｜ 152 厘米 *89 厘米

清 | 纸质 | 143.5 厘米 ＊81 厘米

藹然之容粹然之質
端毅厚重輝光篤實
丁年勵志午夜窮經
綏期拖紫衿竟困青
未騰驥足先促鶴齡
龍蛇厄歲箕尾乘星
嶽嶽者山淵渟者水
積厚流光三珠繼起
以裕後人繩綿不已
咸豐三年歲在癸丑季冬月
硯愚弟吳錫年拜題

清｜纸质｜132 厘米 *62 厘米

清 纸质 尺寸不详

清 ｜ 纸质 ｜ 152.5 厘米 *93 厘米

清 ｜纸质 ｜ 135厘米*91厘米

清 ｜ 纸质 ｜ 128 厘米 *72 厘米

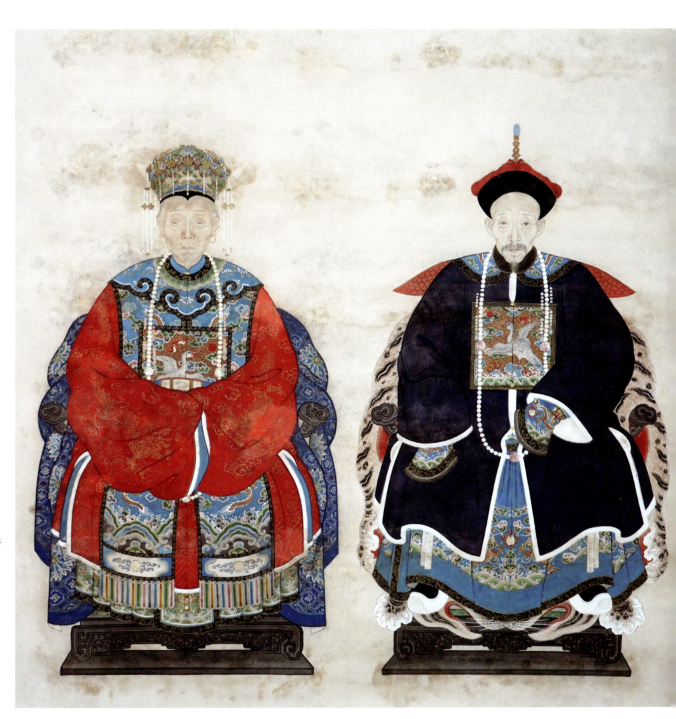

清 ｜ 纸质 ｜ 126 厘米 *72.5 厘米

恭題

舒母孫老安人像贊

且母儀之重於天下也尚矣

本根毓索苞孕坤柔有以德

稱者有以才稱者有以勤與

儉稱者此皆賢媛之榮聞閒

之光也若安人者可謂兼

之矣奪天孫不羡徐女蘇

之巧奪天孫不羡徐女蘇

錦名垂彤管鳳親郝法鍾儀

步孟氏之芳型笑言不苟遵

陶家之雅訓舉止收宜必

敬而必戒誠以淑而以貞也

非所謂巾幗中之丈夫乎

道光元年春王月知江南徽州

府事履德吳邦基拜

清 ｜ 纸质 ｜ 168 厘米 *78 厘米

清｜纸质｜137 厘米 *82 厘米

清 | 纸质 | 141 厘米 *80 厘米

清　纸质　131厘米*61.5厘米

清 ｜ 纸质 ｜ 168 厘米 *78.8 厘米

清 | 纸质 | 134 厘米 *72 厘米

吴氏重弟孺人之位

清 | 纸质 | 112厘米*67.5厘米

清　纸质　144 厘米 *80 厘米

清 ｜纸质 ｜ 133 厘米 ＊63.5 厘米

清 ｜ 纸质 ｜ 133 厘米 *61.5 厘米

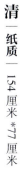

清 — 纸质 — 154厘米 *77厘米

清　｜　纸质　｜　158.5 厘米 *94.5 厘米

清一纸质一188 厘米 *115 厘米

登仕郎成業

登　德配

儒人胡母孺人

万盛年姿濯

廟温如玉清

胡天不佑遽絕

緣吁嗟乎跙則壽

而顏則夭自古且如

此試舉首而問之天

天亦莫知其所以然

在昔貞節欽推共美

歷千百歲彤管流芳

懿惟孺人先後相莒

心如鐵石節凜氷霜

檗茶罹苦艱辛備嘗

善人天佑雲集千祥

令名不朽子孫其旦

考取覺羅官學教習日

卯舉人汪國鈞謹識

清　｜　纸质　｜　149 厘米 *95 厘米

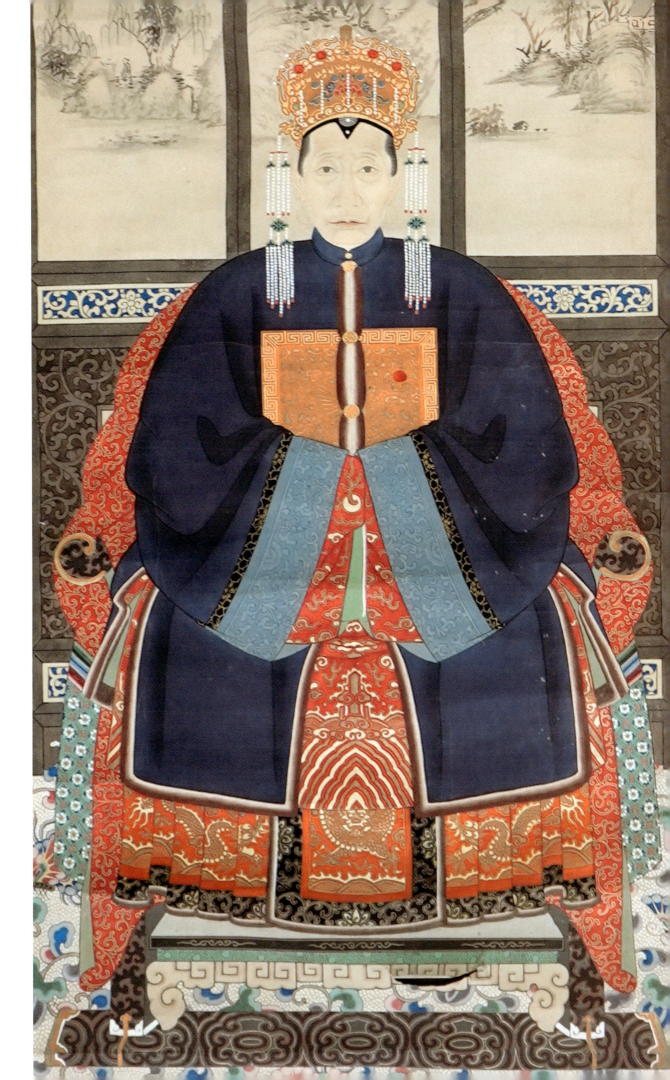

皇帝制曰考績循良之最
用獎臣營推恩溯精累之
遺戴揚揚祖澤爾葡暗中憲
大夫江德旺逳道道次之
級浙江衛州府知府江先
康之本生祖父錫加四
祐篤一堂錫光之令緒
贈裏為資政大夫爾屑之語
命於戲率佟念祖屑茂典
樹德溙滋嗣清白之芳馨
澤留再世行弓裳之今緒
之本生祖父錫光有慶
而益勵新猷有殻貼詒
幽光而玉彰潛德

同治元年十二月二十日

劇
日册府酬庸聿著著德
廈式昭大母
之屑爾爾詒恭人王氏
府知府江先康之本生祖
母歲成揚揚芬斯璜表德
助內助宜家久著其賢
涊裕俊昆錫類永亨嘉
命茲以覃恩晉贈爾為
夫人於戲播設音於形管
壼範彌光爾異數於紫泥
天麻克勖

清 | 纸质 | 158 厘米 *94 厘米

清 纸质 137 厘米 *71 厘米

清 ｜ 纸质 ｜ 132厘米＊61厘米

徽　州　容　像

清 ｜纸质｜ 153.5 厘米 *93 厘米

清 | 纸质 | 125 厘米 *61 厘米

清｜纸质｜192.5 厘米 *112 厘米

清 — 纸质 — 184厘米 *112厘米

清 — 纸质 — 125 厘米 *61 厘米

清 ｜ 纸质 ｜ 136厘米 * 86.5厘米

三十八世祖考諱立標朝奉事公之位
祖妣立標安人余氏之位

三十八世祖妣立纪朝奉华公
女人項氏之位

清 ｜ 纸质 ｜ 243 厘米 *121.5 厘米

清 — 纸质 — 136 厘米 *86.5 厘米

唐越國汪公遺像

東南英氣鍾於此人
能死其身不死其人
諫議大夫謝泌讚

嗚呼我公忠義天錫不
諼而遯不禧而直保障
六州荷以之力嗚呼我
公經學推紹明格寒作
流多昌振之森奕
祥
鈴雅秉讚

清
纸质
130厘米*84厘米

清 ｜纸质｜ 153 厘米 *93 厘米

清 | 纸质 | 160 厘米 × 96 厘米

清　|纸质|　166厘米＊77厘米

清代容像

清　纸质　162.5 厘米 *92 厘米

清 ｜ 纸质 ｜ 138.5厘米 *95.5厘米

清
纸质
尺寸不详

清　｜　纸质　｜　108 厘米 *59.5 厘米

高高祖妣従廷陵郡程氏諱金益孺人神位

高高祖妣従廷陵郡胡氏諱蘭弟孺人神位
高高祖妣従廷陵郡曹氏諱德弟孺人神位

清 ｜ 纸质 ｜ 142.5 厘米 *76.5 厘米

清｜纸质｜109厘米*59.5厘米

清代容像

清 | 纸质 | 109 厘米 *59.5 厘米

清 — 纸质 — 151 厘米 *55 厘米

清 ｜ 纸质 ｜ 154 厘米 *94.5 厘米

清 | 纸质 | 187 厘米 *115.5 厘米

清｜纸质｜156 厘米 *89.5 厘米

清 | 纸质 | 198.5 厘米 *94.5 厘米

清 ｜ 纸质 ｜ 174.5 厘米 *94.5 厘米

敕授修職郎聖期黃老先生暨德配汪孺人像贊

敕授修職郎聖期黃老先生暨
德配汪孺人像贊
偉矣先生東山之英大隱
塵市震困而亨綺歲嶠〻
才譜絕倫計然策七用之
如神德食其舊選鼎其新
連騎結駟方古賢人積而
能散耳鳴為德飯及翳桑
渾建鼓棘如海潤物如陽
昫室肆天錫撒多富壽男
懿行述古則同舉之惟公
有如次公汪〻之波叔度
遊風至孝敦厖江夏無雙
慷慨任義春中之比老而
顏童漢五德漢五桃花源中
疑來道真稀古年華優游
綠野邑有園黃無不羨者
天立厥配同德保艾佑啟
來昇甫同德保艾佑啟
化鶴今峰百歲而後千禩
揚徽慶延于世孫曾蔚起
繩武蕃宜高門介祉虎冠
我：崎于其西惟公德隆
曰與之齋公遺像仰公
生平拜手敬贊用播芳馨
欽加太常寺博士衘戌寅
恩科聚人黟縣訓導朱駿聲題
肖
咸豐紀元歲次辛亥三月穀旦

清 ｜纸质｜ 140 厘米 *114 厘米

清｜纸质｜135 厘米 *89 厘米

清 ｜ 纸质 ｜ 153 厘米 * 110 厘米

清 ｜ 纸质 ｜ 168 厘米 ＊95.5 厘米

清 ｜ 纸质 ｜ 145.5厘米*77厘米

徽

州

容

像

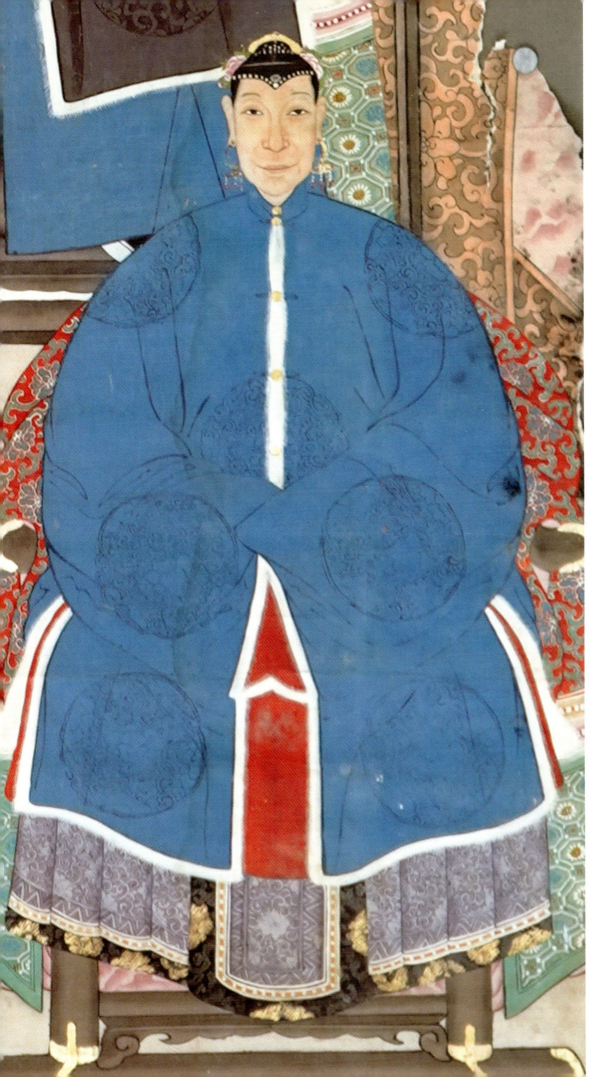

清代容像

清｜纸质｜138 厘米 *72.5 厘米

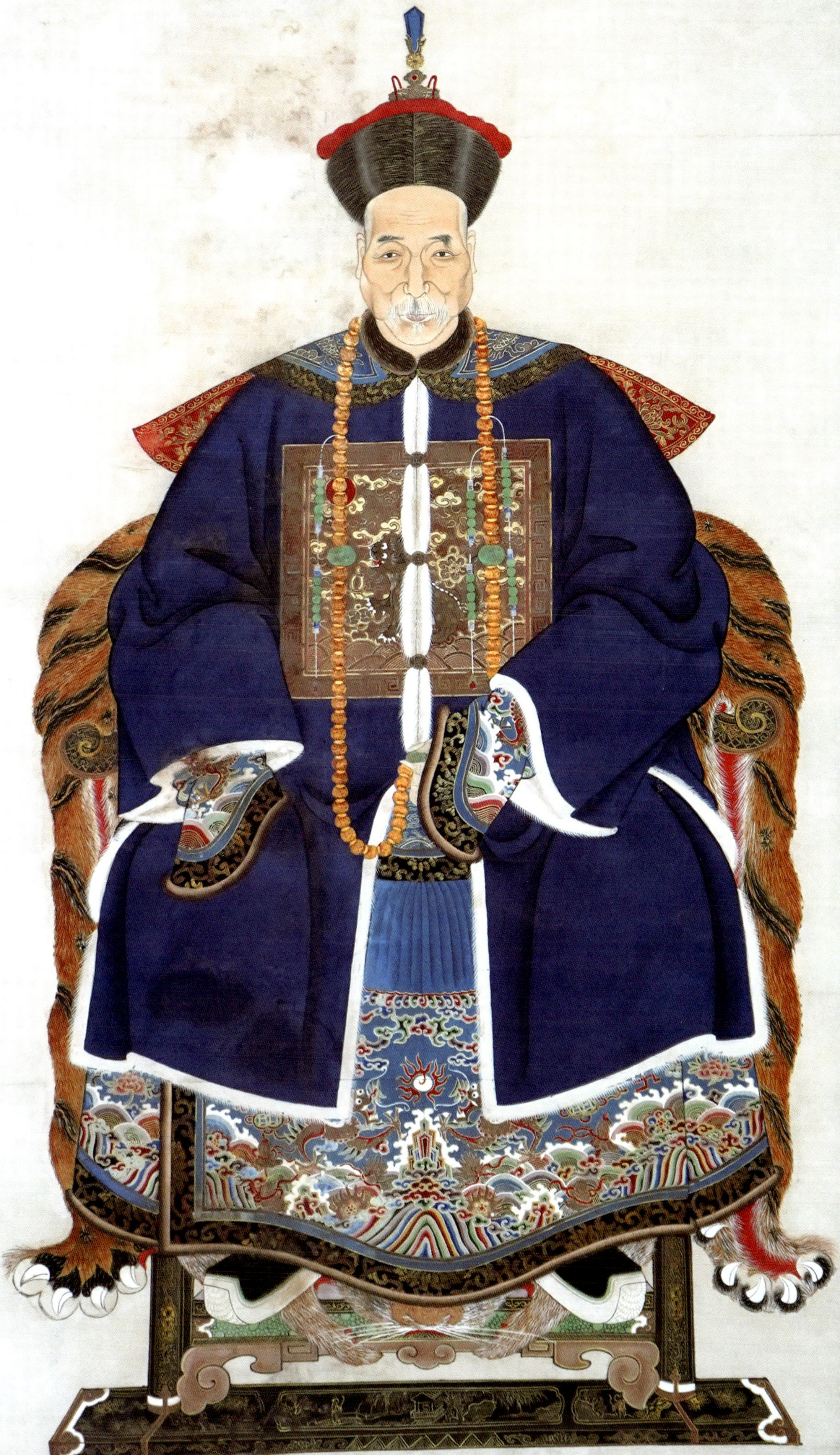

清—**纸质**—尺寸不详

清授朝議大夫汪公肇元世伯先生　像贊

猗歟碩德邈矣者英
族承華裔姓協商聲
雷岡望岐月沼神清
幼阨孤寒泗安習賈
粵亂鴟張身遭賊擄
難度嚴關鴻歸故土
乘風破浪奮蹠鳩江
長才穎脫知己萍逢
識超閫閾譽溢鄉邦
玉潔持躬金融運掌
創所辦公合群不黨
臺美沽良功崇業廣
追清之季市況推遷
謀周善後智燭機先
寧人負我舉華稱賢
民國嶅興星輝雲爛
舊業重光新猷煥
雛鳳齊飛翩然羽翰
乾乾勵己誠信為心
肫肫處世慈善同欽
光前裕後範古模今
福蔭千春澤流百代
仰企遺徽俯懷遺愛
敬錫幡材式揚梗概

清進士某世愚姪舒財群拜識書

清｜纸质｜198.5 厘米 *94.5 厘米

清（汪华像）｜纸质｜141厘米 *60厘米

诰（封）领青光禄大夫上柱国录
军国重事中书右相兼太
子少傅封国公汪华是
奉
天承运
皇帝制曰歙州汪华往因离乱
保据州郡赈辑一隅以待宁
晏武德化远建逐款诚宜
襄览授以方牧可使持节总
管歙宣杭睦婺六州诸军
事歙州刺史封上柱国越国
公食邑三千户主者施行

武德四年九月二十二日
下
中书令

石如楼到奉行

清晚期 ｜纸质｜ 155 厘米 *85 厘米

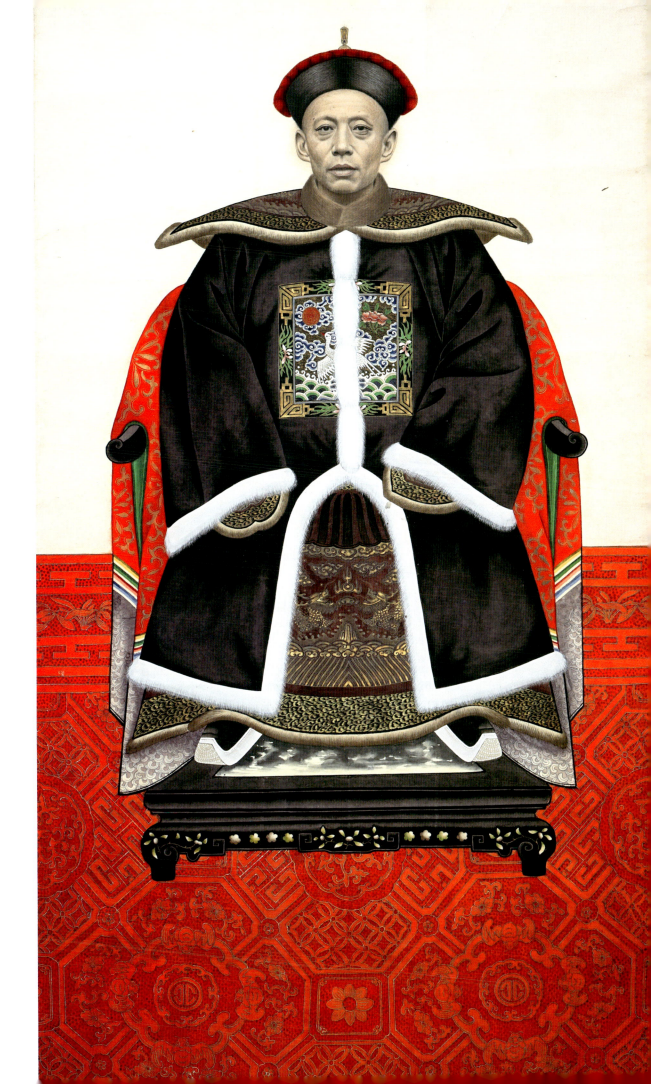

清｜材质不详｜133厘米*66.5厘米

清 ｜ 纸质 ｜ 80.5 厘米 *72.5 厘米

近代容像

徽

州

容

像

近代 | 纸质 | 140 厘米 *77 厘米

徽州容像画艺术特征
及教化意义初探

————

以安徽中国徽州文化博物馆
馆藏徽州容像画为例

安徽中国徽州文化博物馆　章望南

安徽中国徽州文化博物馆（以下简称"徽博"）馆藏以原黄山市博物馆为基础，馆藏极为丰富，收藏有陶瓷、砚台、徽墨、书画、徽州三雕、青铜器、玉器、杂项、古籍图书、徽州文书等各种文物近10万件（册）。其中馆藏的歙砚、徽墨、新安书画、徽州文献是馆内的特色藏品。而馆藏徽州容像画一直是深藏闺中人未识。近些年来，由于徽州文书及文献已成为研究徽学的重要资料，徽州容像画也引起了众多徽学专家的关注。

容像画，也就是肖像画，它是记录具体某个人音容相貌的人物肖像画，是中国古代人物肖像画的一种表现形式，多为晚辈延聘画师给年迈父母或逝去的先人留容，以备怀念、祭祀之用。也有人因为政、为教有功，深得民心，子民自发为之立生祠绘像，如明代徽州人就因许多"良守、良令，公在地方，感在人心，结栋宇而绘冠裳肖像"，以供人们"瞻仰"。在没有照相技术的时代，容像是中国古代逼真记录个人相貌神情的重要手段。

徽博所收藏的徽州容像画共计有100余件套，有人物头像、半身像、全身坐像等多种表现形式，表现的人物有单人、双人(夫妇)、多人(祖孙几辈人)不等，很多容像中还配以简单的背景或场景以衬托主体人物形象。从年代上看，徽博所藏基本上为明清时期所绘，其中明代14件套，清代86件套。明代容像虽然不如清代多，但明代不同时期容像的绘制技法、表现风格和内容较为丰富多彩，清代容像则似乎已成定律，所流行的表现方式和技法在前后期差异不大。从人物表现形式上看，明清两朝传世容像中的人物多为全身坐像，身着官方认可并标明地位等级或身份的袍服、头戴冠帽，仪态安详、双手交叠相握于腹前或自然倚靠于座椅扶手，人物神情多栩栩如生，具有高度的写实概括性。而不同容像中人物所着之冠服、背景中的器物等，已成为今天艺术工作者和研究人员探讨当时社会面貌和风土人情的重要依据。

徽州是程颐和朱熹的故乡。程朱理学对徽州有深远的影响，加上徽商的推波助澜，徽州的传统礼教观念十分深厚。徽商深受"衣锦还乡""光宗耀祖"观念影响，发财致富便回家造住宅、建祠堂、立牌坊、修宗谱、画容像，宣扬礼教，扩大宗族的影响。徽州人对肖像称容像。在祭祀、节日、家庆上挂大量容像以及行乐图、死后揭帛等，需要大批传神画师，所以徽州容像画在当地大为兴盛。

一、徽州容像画起源及背景

我国肖像画有悠久的历史，从文献记载看，始于先秦两汉，兴于魏晋唐宋，盛于明清。现知传世较早的肖像画，有战国楚墓出土的帛画《御龙升天》，画中士大夫即是墓主人写照。魏晋南北朝时期肖像画进入新的阶段，士大夫和宫廷画家尤以写照见长。顾恺之、谢赫等人重视点睛传神法，着重以形传神。唐宋时期肖像画受到宫廷重视，描绘对象范围亦进一步扩大——上至历代贤哲、帝王将相，下至墓主百姓，创作了许多纸绢卷轴传世名画，如唐代阎立本的《步辇图》《历代帝王图》、五代顾闳中的《韩熙载夜宴图》和宋画院的《听琴图》，人物形态准确生动，表现了对象的气质，反映出唐宋肖像画高超的艺术水平。北宋流传许多帝后肖像画，作为太庙殿堂供奉"御容"，其人物正面姿态庄重。容貌个性均有差异，堪称早期容像画。

到了南宋以后随着文人画的崛起，人物画逐渐与肖像画分工。肖像画转向民间以传神为主，形成专业化而独立成科。至元代，山水画兴盛，成为画坛主流。而肖像画被视为工匠画、"俗物"，画家沦为江湖艺人，画店被列于七十二行之内，成为九流之一。然肖像画的传神技艺始终为民间所需要，众多艺人仍挟其技以谋生，可惜其姓名事迹多不见于绘画史册。

而徽州容像起源，据石谷风先生研究所述：徽州容像始于南宋，盛于明清，大约有 700 年历史，其容像画鼎盛时期，在明万历至清乾隆时期。这些容像上的服饰，男子着圆领补子官服、直缀、深衣等，女子则着半臂襦裙、圆领补子襦裙、交领补子襦裙等，而徽州容像的盛行，为传统服饰的研究提供了不少辅助资料。

"明代以前的宋元肖像画传世很少，仅见摹本。"从安徽中国徽州文化博物馆藏明清容像画来看，基本上同安徽博物院及境内其他收藏机构一致，徽州明代早期容像画继承传统画法，与宋元的一般白描法相同，皆以线条勾勒为主。即先用细笔描出五官部位，加淡墨烘染，淡色渲晕，再以色线复勾五官，这属于传统的单线平涂法。"明代中期技法有发展，用墨和色对面部加强明暗晕染，从而表现出立体感和质感，具有地方风格。"明代晚期徽州容像画受到曾鲸画派"墨骨法"的影响，以墨为主，描绘面部结构起伏，明暗凹凸。用淡墨渲染数十层，敷色清淡，富有立体感和质感，从而提高了写实能力，把容像提高到了一个新的水平。徽州民间画工善于吸收外来技法，融合地方传统技法取得了好的效果和新的发展。直到清代早期，徽州肖像画仍深受曾鲸派画风的影响。但此时人物画虽日呈衰落，肖像画中却涌现出许多名家和兼长肖像画名手，如焦秉贞、禹之鼎、罗聘、丁皋、改琦、费丹旭、任颐、虚谷等，并形成各种风格流派，活跃于画坛。其中兼长容像画名家有金农、华嵒、高凤翰、闵贞等人。同时寄居扬州的著名容像画家兼理论家丁皋，传神技艺也很出色，博得徽商的青睐，他们将丁氏《传真心领》画诀引进徽州地区，地方艺人将其与地方传统相融合，收到良好效果，从而兴盛一时。

综观徽州历代容像画，都是在继承传统、吸收外来营养的基础上不断发展、变化，而形成各种流派，呈现出各种风格。

二、徽州容像画的绘制技法

徽州容像画在绘制技法方面有了新探索。从徽博所收藏的徽州容像画来看，其描绘面部主要用线条勾勒，淡墨渲染。面部明暗凹凸是依靠"色"渲染出来，用色线复勾五官，使墨与色浑然一体，不见笔痕。描绘对象的老少肤色，面部深浅变化，甚至皱纹、雀点、肉痣、老年斑、眼疾等生理特征，无不刻画得精细逼真，惟妙惟肖，使人见画如见真人。出于高高悬挂于家中或宗祠，起到教化作用，故明代容像的尺幅通常较大，人物身着袍服，形象接近真人大小，这就意味着绘制时，长线条的运用较多。大尺幅的容像在绘制时，画纸常竖立于斜面上，以便于画师进退自如，把握整体观感。这一时期肖像画的特点是：墨与色并重、立体感较强、色彩明丽、形象准确、性格鲜明，代表了徽州肖像画的独特风格与最高成就。明代前期和中期的容像绘制，多注重表现人物相貌而服饰等级符号着墨稍弱，而明后期甚至清代的容像表现，则人物神情逐渐走向程式化、脸谱化，而袍服及其身份等级符号和背景中之器物则表现得愈发精致。明代中晚期，由于社会风尚的变迁和科举制度登峰造极所对人的影响密切相关。自此，容像的绘制技法走向了程式化，其艺术价值大打折扣。清代晚期，徽州肖像画家受到外来技法和海上画派的影响，除画容像外，还为名人作行乐图。这既描绘了人物动态，又增补了园林亭台、花木山石等背景，从而丰富了肖像画内容。从黟县咸丰年间传神画师余珪家的后人征集到的底样和安徽省博物馆馆藏余珪《俞正燮行乐图》看，人物形象洒脱自然，以笔墨为主，色彩淡雅。许多人物头像底样被作为行乐图人物的粉本，我们从中可以欣赏到徽州清末肖像画的各种风貌。中国工笔画的精髓是线条表现与书法相通，而容像上方还常以书法对像主生平做简要介绍，因此容像常常也是书法与绘画的结合，具有艺术价值和文献价值。

三、徽州容像画的教化意义

古代画论中人物肖像画的"明劝戒、著升沉"的儒家教化思想对后世产生了极大的影响。徽州容像画同国内其他地区容像画一样，必然深受当时官方所认可的代表身份等级的冠服的影响，且仪态端正。这些都具有公示和强烈的教化意义。明代是中国科举制度走向登峰造极的开端，学而优则仕的观念深入人心，在家国同构的宗法农业社会里通过科举步入仕途，不仅是一个人命运的逆袭，更是家族世代的荣耀；为科举入仕者绘制容像悬挂于家中，百年以后请入宗祠，是农业社会背景下的中国家庭和家族对族人、子孙后代进行长久教化的一种仪式，也因此，明清时期的容像数量会大大多于前朝。

唐代裴孝源在《贞观公私画史》序中说："盖以照远显幽，作列群像。自玄黄萌始，方图辩正。有形可明之事，前贤成建之迹，遂追而写之。至虞夏殷周及秦汉之代皆有史掌。虽遭艰播散而终有所归。及吴魏晋宋世多奇人，皆心目相授斯道始兴。其于忠臣孝子贤愚美恶，莫不图之屋壁，以训将来。或想功列于千年，聆英威于百代。乃心存懿迹，默匠仪形，其余风化幽微感而遂至。"裴孝源认为画家把忠臣孝子画于四壁，其目的是风化幽微，以训将来。其教化功能不言而喻。作为肖像画，容像的绘制当然要高度写实，真实地表现具体人物，注重描绘其神情的自然平和，符合"仁、义、礼"的教化要求；然而作为容像，"容"在前"像"在后，观者主要瞻其装容和威仪，而"像"貌倒在其次。明代吴宽《鲍翁家藏集》论道："古图画多圣贤与贞妃烈妇事迹，可以补世道者，后世始流为山水禽鱼草木之类，而古意荡然。"（岑家梧编著：《中国艺术论集》，考古学社，1949年）他认为古画多画圣贤、贞节烈妇，主要作用是"补世道"，即对社会的道德风化有一定的作用。因此徽州明代很多容像所描绘的人是官员父母、早已作古的先人，因为官员受到皇帝表彰并将荣誉性等级称号授予祖宗三代，故画师根据他人描述绘制容像，而所绘者并不曾经眼。教化意义下的明代容像绘制，着重表现像主所着冠服，令其身份等级一目了然，代表官员等级的明代官服补子图案、袍服底纹尤其是皇帝特旨赏赐的蟒袍图案等，更是荣誉性的标志，在很多容像绘制中被表现得尤为精致；相比之下，人物相貌虽各有不同，却在笼统化、概括化的神态表现和过于精致的冠服对比下而被弱化了。如此，容像方可令观者肃然起敬，达到教化子孙、维系社会风尚的目的。

2012年为龙年新春，而春节在徽州人的传统中是供奉祖容像主要的时间，为传承这一历史文化，营造喜庆祥和的节日气氛，徽博结合自身文物特色，组织策划了"慎终追远——馆藏古代徽州容像展"，将庋藏数量可观的明清及近代所绘容像，通过祖容像悬挂展示这一手段，体验前人对祖先的崇敬、家庭的和睦及亲情，"使夫风采可接，而馨欸之可亲，宜必肃然起敬，惕然而深省，而向善之心，亦将有油然而生者"。从而达到传统文化促和谐、欢乐喜庆过大年的效应。事实证明，徽州容像画经历了历史实践和阐释，在社会上形成了一定的影响力。

四、结语

1. 徽州容像画是中国古代绘画中的一种表现形式，主要起到教化的作用，具有较高的艺术价值和文献价值。

2. 徽州容像画因其绘制表现技法与其他书画一脉相承，是中国古代绘画中的重要组成部分，并且成为中国艺术人物肖像画重要的价值取向。这种传统精神至今仍在继续发挥作用。

3. 徽州容像画继承了古代肖像画的"成教化，助人伦"这一传统，这种传统还将继续发挥着巨大的作用和魅力。

参考文献

1. 石谷风编著：《徽州容像艺术》，安徽美术出版社，2001 年。
2. 张丽：《明代容像的绘制表现及技法浅析》，《戏剧之家》2016 年第 10（下）期。
3. 陈林：《论明清徽州祖容像艺术》，《装饰》2004 年第 7 期。

徽州容像与部分徽州博物馆馆藏容像人物服饰辨析

中国社会科学院古代史研究所　赵连赏

古代容像，作为人物画像的组成部分，表现形式与肖像近似，像作都要求尽量接近真实人物的客观容貌，其功能也主要是用于各种庙祠供奉纪念和教化之需。所不同的，肖像称谓在时间上要远早于容像，且多用于朝廷，而容像出现时间不仅晚于肖像，在使用场合方面也与肖像不同，多用于宗族家祠。

另外，从历史的角度来说，后世人们若想辨别众多历史容像人物所处历史时期和身份，除相应的文字外，人物所穿服饰就成为了辨别人物时代和身份的重要标识。本文在简单梳理肖像与容像历史的同时，通过对部分徽州博物馆馆藏明清时期容像不同人物服饰标识的辨识，判断它们的时代特征和彼此的等级异同。

一、肖像和容像的异同和特点

容像，是徽州人对肖像人物画的别称[①]，二者表现形式都是以体现或接近人物原貌的像作。1990 年版《汉语大辞典》："容像，犹容貌。"[②] 即接近人物的原有容貌像作。肖像，亦作"肖象"，意为相似或接近。《淮南子·氾论训》："夫物之相类者，世主之所乱惑也；嫌疑肖象者，众人之所眩耀。"高诱注："肖象，似也。"[③] 容像和肖像是人物容貌画像和人物肖像画的简称，采用肖像和容像等

---

① 石谷风编：《徽州容像艺术》，安徽美术出版社，2001 年。
② 罗竹风主编：《汉语大辞典》（第三卷），汉语大辞典出版社，1990 年，第 1495 页。
③（汉）刘安：《淮南子》卷一三，上海古籍出版社，1989 年，第 164 页。

人物画像形式表现历史、纪念先人是人类文明的标识之一，古人常通过观览古代帝王、功臣、圣贤的容貌画像，追忆思考他们的历史表现，以期达到"见善足以戒恶，见恶足以思贤"的政治教化目的。[①] 在容像和肖像的具体使用方面，二者也有些区别。

1. 肖像

有关肖像的内容，文献中多有记载。《尚书·商书》："梦帝赉予良弼，其代予言。乃审厥象，俾以形旁求于天下。说筑傅岩之野，惟肖。爰立作相。"[②] 这则商王执着寻觅贤臣的故事表明，早在商代，类似于肖像绘画就已经被运用于朝廷政治，服务于国家了。

或许从商代之后，为先贤名臣作像就开始在社会使用，逐渐成为了中国人物画的传统。两汉时期流行起来的皇帝为纪念和表彰功臣，为他们绘制肖像用于激励当朝官员的举措，成为了以后许多朝代帝王树立典范、加强教化、强化统治目的的有效方法。如西汉宣帝时，皇帝为颂扬霍光等功臣事迹，画十一人肖像陈列于麒麟阁。《汉书·苏建传》记载："甘露三年，单于始入朝。上思股肱之美，乃图画其人于麒麟阁，法其形貌，署其官爵姓名。唯霍光不名，曰大司马大将军博陆侯姓霍氏，次曰卫将军富平侯张安世，次曰车骑将军龙额侯韩增，次曰后将军营平侯赵充国，次曰丞相高平侯魏相，次曰丞相博阳侯丙吉，次曰御史大夫建平侯杜延年，次曰宗正阳城侯刘德，次曰少府梁丘贺，次曰太子太傅萧望之，次曰典属国苏武。皆有功德，知名当世，是以表而扬之，明著中兴辅佐，列于方叔、召虎、仲山甫焉。凡十一人，皆有传。"[③]

再如东汉第二位皇帝汉明帝刘庄在永平三年（60），将帮助汉光武帝刘秀统一天下、重复刘汉社稷中功劳最大的二十八员大将，分别绘制肖像陈列于南云宫台。《东观汉记》记载："春二月，图二十八将于云台，册曰：'部符封侯，或以得显。'"[④] 东汉后期，汉灵帝也将此前多朝元老肖像悬挂于宫中以示纪念。前几年江西南昌发掘的西汉海昏侯墓出土了许多有价值的文物，其中有一幅两米高的孔子肖像画，表现出了汉代人对圣人的崇敬之情。两汉以后，魏晋南北朝依

---

① （唐）张彦远：《历代名画记》卷一，中州出版社，2016年，第3页。

② 《尚书正义》卷十，《十三经注疏》上册，中华书局，1980年，第174页。

③ 《汉书》卷五四，中华书局，1962年，第2468、2469页。

④ （汉）刘珍著，吴树平校注：《东观汉记校注》卷二，中华书局，2008年，第56页。

然延续着为帝王和先贤作像的传统,主要有东晋大画家顾恺之的《司马宣王像》《谢安像》《阮咸像》,还有南朝任昉赞颂东汉明帝的《汉明帝画赞》等,虽然这些画像因种种原因没有留存下来,但其作像的传统还是被历史文献记录了下来。[①]唐太宗李世民更是一位念旧的开明皇帝,他先后令唐代名画家阎立本绘制了为表彰功贤大臣为目的的《凌烟阁二十四功臣图》和《十八学士图》等人物肖像画,传阎立本还绘制了以赞颂历代帝王题材的肖像《历代帝王像》。宋代和以后的元、明、清各代,肖像画传统依旧被传承延续。

2. 容像

相较肖像,容像出现的时间要晚了很多,其称谓是由徽州人开始的,时间大约始于南宋时期,明清是徽州容像的鼎盛时期。[②]

徽州容像的产生、发展和盛行或许是与唐宋时期的礼制变化有关。历史上,自周代周礼形成开始,"礼"便成为了上层统治者政治生活的游戏,一般平民百姓或因财富和社会地位原因不能享受礼的待遇,正所谓:"礼不下士人,刑不上大夫。"[③]以祭祀祖先的庙祠为例,按照周礼的传统制度规定,只有天子和士大夫以上阶层才有资格建立庙祠用于祭祀祖先,而庶民百姓则没有资格修建祠庙祭祀祖先,他们只限于在家中完成祭祀。[④]唐代,随着人们对礼制认知的发展,礼逐渐产生变化,至宋代,礼制活动已经不再仅是帝王与朝廷官员的专属,开始出现向士庶下移的倾向,虽说宋代礼制使用也仍有比较严格的规定,但一些人已经在自己家宅中修建纪念祖先的"祭堂",由此"宋代社会上的宗族祭祀已由士庶皆祭于寝向建立祠堂祭祀过渡"。北宋中期以后,"祠堂逐渐在社会上推广开来。至南宋时期,朱熹撰写《家礼》将祠堂列入了首要的地位,这就更使其在社会上日益普及了"。[⑤]据说,徽州地区的祠堂是仿照朱熹《家礼》中有关祠堂内容兴建的,而且《家礼》一书更是没有规定阶层人群利用礼制的差别,"可以说,《家礼》是部分士庶、人人都可以实行的礼仪书"。[⑥]

按照《家礼》建好后的祠堂或家庙,祠庙中需要布置祭祀时使用的陈设,

① (唐)张彦远著,朱和平注译:《历代名画记》卷五,中州古籍出版社,2016年,第154页。
② 石谷风编:《徽州容像艺术》,安徽美术出版社,2001年。
③ (元)陈澔:《礼记集说》,上海古籍出版社,1987年,第13页。
④ (元)陈澔:《礼记集说》,上海古籍出版社,1987年,第71—72页。
⑤ 王善军:《宋代的宗教祭祀和祖先崇拜》,《世界宗教研究》1999年第3期,第117页。
⑥ (南宋)朱熹撰,(日)吾妻重二汇校:《朱子家礼》,上海古籍出版社,2020年,第2页。

除了设有供桌、供品、祖先牌位之外，还要悬挂祖先的画像，也就是容像。从目前保存下来的容像人物服饰信息显示，绝大部分画像都是明代以后的作品，出现这种情况，主要是由于在明代嘉靖时期，皇帝钦准了礼部尚书夏言上呈的《乞诏天下臣民冬至日得祭始祖》奏疏，其主要内容是乞求准许臣民立家庙祭祖。奏疏的准许对徽州士庶兴建祠庙直接起到了推动作用，特别是一大部分徽商在商场取得可观利益背景下，万历以降至明末，"徽州境内规模稍大一点的宗族大都建立了属于自己的合族或合户祠堂，而且在规模和规格体式上又进一步发展，一些规模庞大的大族祠堂，特别是统宗祠开始出现，并逐步达到了历史的巅峰状态。以绩溪为例，据统计，嘉靖四十五年（1566）前，徽州六县共建有宗祠和各类支祠224座，绩溪仅有18座。但到了万历九年（1581），绩溪就增至34座，数量几乎翻了一番"。[①] 如此规模家祠的建成速度，一方面表现了徽州商人的成功，另一方面也说明徽州建祠堂祭先祖在徽州当地已经成为了社会时尚，由此也带来了容像数量的增加，其中一部分流传到今天，形成一种社会文化的印记，成为我们研究认识当时社会文化的一扇窗户。

二、部分徽州馆藏明清容像

现在的徽州博物馆内，保存着21幅明清时期成画的彩色容像。据博物馆提供的记录显示，这批容像明代成像7幅，明末清初成像1幅，清代成像12幅，成像未作时代标记1幅。容像内容有男像，有女像，有单人像，也有两人以上的群像。从诏书和像赞等文字记载中，可知容像表现的人物所处时代有唐代和明代。而从服装上观察，除个别人物服装外，其余基本为明代装束，有官员和他们的夫人及侍从，也有士庶，身份等级不一。

1. 明代容像

7幅明代画像从人数上分为单人5幅（其中1幅为女性）、双人和多人各1幅（男女都有），从服装系列分为着官服4幅、着民服1幅、官民服均有穿着者各1幅（图1）。

① 卞利：《论徽州的宗族祠堂》，《中原文化研究》2017年第5期，第117页。

图1　明代成像容像

（1）男性官服

在7幅画像中，基本是以官服为主，除1幅单人男性画像和1幅多人容像中有部分人物为民服像外，包括1幅女性在内的其余6幅画像（包括1幅多人容像中一名穿官服者）均为着官服或其中有着官服的人物容像。

6幅人物官服容像有一个最大特点，就是穿的都是官服中的常服。另外，还有一个特点，5幅男性容像人物所穿官员常服从服装色彩、补子、革带等内容又都高度接近。按照明代冠服制度的规定，常服在官员服饰系列中属于礼仪最轻的一种，由乌纱帽、圆领袍（衫）、补子、中单、革带、靴袜等组成。而常服的等级是依靠袍服的颜色和袍服前后不同图案装饰的花纹，以及腰间所系革带不同的带銙进行区分，并以此划分出官职品级的高下。[①] 馆藏的5幅人物容像所穿官服

① （明）申时行等：《大明会典》卷六十一，台湾新文丰出版公司影印明抄本，1976年。

均为：黑色乌纱帽、赤色圆领袍、銙饰革带、黑色朝靴，前胸缀有方形补子。所不同的是容像人物官服的补子内容、带銙形式、有无牌穗等。面对这些相同或有所差异的人物容像服装，如何判断他们的等级？依据是什么？

我们以明1为例，对上述问题进行分析，看看容像人物们所穿官服属于的系列和品级都是什么位置。如前所述，明1也是一位身着常服的官员装扮，人物长着长而漂亮的络腮胡子，头戴黑乌纱帽，身穿赤色圆领袍（衫），前胸缀有方形补子，内衬本色中单，腰系蓝鞓带，足蹬黑色朝靴，左手扶带，面色从容地端坐于椅上。容像没有标明像主为何人，根据容像上方门人为其作的"像赞"内容信息可知，容像主人公是徽州一位程姓人士，文采十分出众，"文发诗葩"，有名气，"声誉广布京华"。以此为线索查询，该像主人可能是明代中期在京城供职的徽州籍进士程敏政。据《明史》记载："程敏政，字克勤，休宁人，南京兵部尚书信子也。十岁侍父官四川，巡抚罗绮以神童荐。英宗召试，悦之，诏读书翰林院，给廪馔。""成化二年（1466）进士及第，授编修，历左谕德，直讲东宫。""孝宗嗣位，以宫僚恩擢少詹事兼侍讲学士，直经筵。""进礼部右侍郎，专典内阁诰敕。"孝宗弘治十二年（1499），因在会试主考官时被举报泄题而下狱。出狱后致仕，不久因病离世。后被赠礼部尚书。①

而直接能证明其像主为程敏政者的依据，是弘治十八年（1505）成书，程敏政撰《篁墩程先生文粹》一书中一幅作者本人的插图。图像绘制比较简单，为黑白色的半身像，人物头戴乌纱帽，身穿圆领袍，胸前无补子，双手交合于袖间，为明代官员常服装，与明1容像人物官服近似。单单凭该图像人物服装内容是不能确切判断明1人物即为程敏政，判断的最直接根据是《文粹》人物插图的面相与明1人物基本相同，对比两幅画像人物眉目、口鼻，长而漂亮的络腮胡子，以及面部表情均高度相似（明2）②，由此，可以肯定明1容像人物是程敏政本人无疑。

依照徽州博物馆提供的信息，在馆藏部分明代成像的容像画作中，与程敏政容像相类似的男子官服容像还有另外4幅，如前所述，它们皆为常服制式。考察明代服饰制度，这5幅相类似容像人物所穿的官服，若不看补子和革带内容，

①《明史》卷二百八十六，中华书局，1974年，第7343、7344页。
②（明）程敏政：《篁墩程先生文粹》，弘治十八年刻本，第1页。

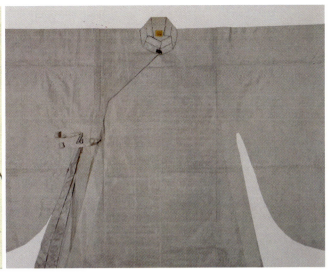

图2　程敏政像 选自《篁墩程先生文粹》图3　明代立领大袖衫 选自《斯文在兹——孔府旧藏服饰》

仅从服色辨别，它们的身份皆属于四品以上的高官人群。[①] 单靠服色无法进一步区分等级，而补子和革带可以弥补官服服色等级不够细致的缺憾。观察容像5人的补子内容，其中程敏政所饰补子为锦鸡图案，依照明代洪武二十四年（1391）官服制度规定："公、侯、驸马、伯服，绣麒麟、白泽。文官：一品仙鹤，二品锦鸡，三品孔雀，四品云雁，五品白鹇，六品鹭鸶，七品鸂鶒，八品黄鹂，九品鹌鹑；杂职练鹊；风宪官獬豸。"[②] 程敏政官服符合二品文官补子等级，也与其最后被赠礼部尚书身份相符。再看其余4人补子内容，也均为锦鸡补子。接下来，我们再考察一下容像五官员常服腰带等级情况如何。明代服制规定文武官常服腰带装饰等级为："一品玉，二品花犀，三品金钑花，四品素金，五品银钑花，六品、七品素银，八品、九品乌角。"[③] 五人常服腰带除明4腰带发黑近似乌角、明7用金外，包括程敏政等其余4人腰带装饰均为花犀，符合明代二品官员腰带銙饰制度。

　　此外，明2和明3人物左侧下部都垂有一个牙牌，此物是明代通行证的一种，用该牌为凭进入朝堂办公。公、侯、伯曰"勋"，驸马都尉曰"亲"，文官曰"文"，武官曰"武"，教坊司曰"乐"，出京则需将牙牌交于内府保存，身前只悬牌穗。[①]

① 据《大明会典》："（公服）一品至四品，绯袍；五品至七品，青袍；八品九品，绿袍。"详见（明）申时行等：《大明会典》卷六十一，台湾新文丰出版公司影印明抄本，1976年。虽然明代规定官员常服色彩可用"杂色"，但一般情况下，官员常服着装色彩还多依据公服色彩规定穿着。
②《明史》卷六十七，中华书局，1974年，第1638页。
③《明史》卷六十七，中华书局，1974年，第1637页。

（2）女性官服和男女民服

① 女性官服

在 7 幅明代成像的容像中，有两幅涉及女性官服，其中明 6 为一幅单人像，另一幅明 7 为多人容像。多人像中冠和服为典型官服的有三位，戴官服首服冠又穿民服者有两位。其中，明 6 单人像和明 7 多人容像中三位典型穿官服者，这四人所穿基本为常服，即头戴冠，身穿各色圆领袍，胸前设有补子，内衬中单，腰系带，明 6 单人像下穿绿色马面裙，明 7 三人穿各色百褶裙。

所不同的地方主要体现在冠上，明 6 和明 7 上数第二排女性头上戴的冠相似，都是在狄髻上装饰各种"头面"②，其中，明 6 冠装饰比较简单：髻正面下端口圈上只饰有左右两个花钿，两钿间以三颗珍珠。髻体两侧分别饰有三颗钿花，髻顶设一颗大钿花，髻体正面装饰金佛一尊。相较明 6，明 7 冠饰则比较丰富一些：下端口圈用多个花钿组成，呈均匀排列，髻体正中似设一金佛，两侧各有一只口衔花珠的金孔雀或鸳鸯，接近髻顶位置饰有三颗珍珠。在髻体下部两侧各有一鬓，其末端垂有大朵翠花。

根据上述两幅容像四位女性所穿官服都为圆领袍特点，可以断定两幅像的成像时间一定是洪武二十四年以后③，而明代对命妇冠服中涉及冠的定立和调整主要有两次，即洪武元年（1368）和五年（1372），所以，这批徽州馆藏容像妇女人物官服之冠造型依据都应该是洪武五年后的制度风格。对照《明史·舆服志》命妇常服冠记载，与明 7 冠饰做对比，发现该冠饰的"口衔珠结""鬓边珠翠花二"等特征基本相合。④

除狄髻式冠外，明 7 女性官服人物中上数第一排两名着圆领常服女性戴的冠是另外一种类型，其冠体较大，具体形制分为两种：一种为明 7 第一排男性右侧者冠底下设有额帕，额帕上戴冠，狄髻下檐仍是钿花，髻体两侧分别设一金孔雀，口衔三旒白色珠牌。另一种明 7 第一排男性左侧者冠与之相似，只是缺少了额帕。按照明代服饰制度规定："常服冠上珠翠孔雀三，金孔雀二，口

---

① 《明史》卷七十四，中华书局，1974 年，第 1804 页。

② "头面"孙机先生解释为"内涵略近"于装饰冠的各种首饰。详见孙机：《明代的束发冠、髻髻与头面》，《文物》2001 年第 7 期。

③ 据《大明会典》记载：洪武二十四年对命妇服饰进行调整"其常服用颜色圆领衫"。详见（明）申时行等：《大明会典》卷六十一，台湾新文丰出版公司影印明抄本，1976 年。

④ 《明史》卷六十七，中华书局，1974 年，第 1643、1644 页。

衔珠结。"① 该类冠饰主要特征符合三品命妇常服礼冠的规定。

三品常服冠刚好与其所系金带等级接近，再结合两名女性之间男主官服亦为金带特征，为同一品级，符合明代服制，基本可判断明 7 第一排两名女性着官服等级应为三品。②

除了以上介绍比较典型女性容像官服外，还有两位衣冠搭配不够典型的女性容像。上数第三排女性头上戴的冠类似于上数第一排两位穿圆领常服女性的冠，额帕上的冠缺少了孔雀和珠牌。另外，所穿浅蓝色长衫，形制也不是圆领袍，而是立领的右衽长衫，内穿衬衣，下穿百褶裙，这种款式服装属于明代晚期的类型，与之相类似的服装在山东曲阜孔府旧藏中体现。山东省博物馆藏有一件"暗云纹白罗长衫"，其制为立领，右衽大襟，宽袖，衫两侧有开衩，腋下系带，立领上缀有金属子母扣（图 3）。③ 其款式与上数第二排女性服装类似。

图4　襕衫　选自《三才图会》

图5　东坡巾　选自《三才图会》

另外，穿与之相似款式大衫的女性还有上数第五排穿褐色暗花图案的女性，其冠与明 7 上数第二排女性头上戴的冠相似。

②男女民服

明代民服主要承袭宋元，但在首服方面出现了许多创新，这主要表现于男子首服，在明代容像人物服饰上也体现了这一特点。

7 幅明代成像的容像中，除去侍佣外，出现穿着民服的男女人物有两幅，其中明 5 为一幅单人男性像，另一幅明 7 为多人容像，多人像中穿民服者包括四名男性和三名女性。

---

① 《明史》卷六十七，中华书局，1974年，第1643页。

② 按照明制规定，官员祖母、母和妻礼服可与其为官者官服等级相同。详见《明史》卷六十七，中华书局，1974年，第1646页。

③ 山东省博物馆：《斯文在兹——孔府旧藏服饰》，第78页。

175

徽州容像与部分徽州博物馆藏容像人物服饰辨析

a. 男性民服

明 5 单人男性像头戴黑色方巾，身穿豆绿色交领襕衫，领、袖、襟饰有蓝色缘边，腰系绅带，足蹬绣履。方巾，或称"四方平定巾"，也称"四角方巾"，是明代职官、儒士等常戴的一种便帽，用黑色纱罗制成。戴用时巾呈四角方形，不用时还可以随意折叠。据说这种巾帽最早是一个叫杨维帧的儒士戴用的，为取悦皇帝，起名"四方平定巾"。明太祖闻知后，十分高兴，于是传诏颁行于天下。[①] 襕衫，其标志是在圆领的袍衫膝部设有一条横栏，寓意古代上衣下裳传统，最早的襕衫出现在北周[②]，唐代大兴，是官员的服装。至明代，襕衫已从官服中退出，其结构也发生了改变，膝部的横栏已经被袍衫的下部缘边代替，多为士人所穿着。明 5 男性容像所穿襕衫为交领，下端袍缘与明代风格比较不是很突出，其余与《三才图会》图一致（图 4）。[③]

明 7 多人容像中四名男性所穿民服看似变化不大，其实各不相同。

上数第二排和第五排男性均头戴黑色方巾，身穿橘黄和土黄直裰，第二排者腰系橘黄色绅带，后者腰间无带，二人均穿红色履。

直裰，或作"直掇"。始于宋代，其制与宋代僧人穿着的一款宽大袍衫近似，为交领右衽，衣长过膝，衣领、袖、襟饰有缘边，多为士人穿着。宋赵彦卫《云麓漫钞》："古之中衣，即今僧寺行者直掇。"[④]明代承袭宋代习俗，直裰仍然流行，只是衣领、袖、襟等多不设缘边。清吴敬梓《儒林外史》记载："那边走过三个人来，头带方巾，一个穿宝蓝夹纱直裰，两人穿元色直裰，都有四五十岁光景。"[⑤]容像第二排和第五排男性除身穿直裰颜色不同外，二人直裰装饰也不一样，前者衣身两肩下端、两膝和腹部共设有暗织团型动物图案五个，后者不设。

上数第三排男性头戴黑色东坡巾，身穿浅褐色直裰，衣领加有义领，衣身装饰有比第二排男性袍衫更多的团型雉鸟图案。腰系黑色绦带，穿蓝色履。

东坡巾，乌纱质，其制设有内外层四墙，内墙高，外墙矮，内外墙共同组成巾体。该巾多为士人和富有者所戴，传因苏东坡首创该巾，因此得名，元明时期较为流行（图 5）。[⑥]

① （明）祝允明：《枝山前闻》，见《续修四库全书》子部·杂家类，上海古籍出版社，2002 年，第 344 页。
② 据《隋书·礼仪志》记载："保定四年（564）……宇文护始命袍加下襕。"详见《隋书》卷十一，中华书局，1973 年，第 250 页。
③ （明）王圻等：《三才图会》（中），上海古籍出版社，1988 年，第 1525 页。
④ （宋）赵彦卫：《云麓漫钞》，中华书局，1996 年，第 60 页。
⑤ （清）吴敬梓：《儒林外史》，人民文学出版社，1980 年，第 2 页。
⑥ （明）王圻等：《三才图会》（中），上海古籍出版社，1988 年，第 1503 页。

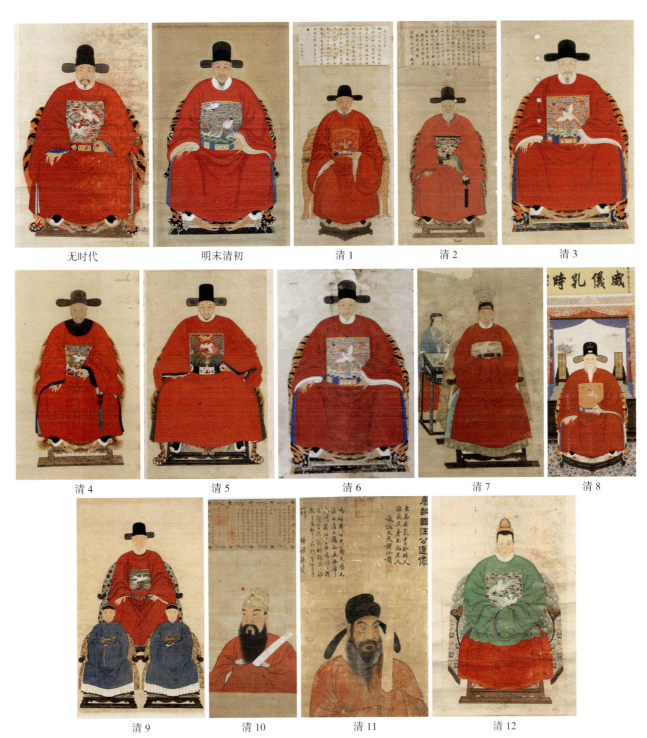

图6　明末清初和清代成像容像

　　上数第四排男性头戴黑色唐巾，身穿蓝色直裰，衣领加有义领，衣身无装饰。
腰部被双臂遮住，足穿黑色靴。唐巾，顾名思义，就是唐代流行的巾，即幞头。
明代这款巾与唐代幞头的区别在于巾的角加长，有的成为了巾带。

　　b. 女性民服

　　明代成像人物女性服装，除侍从外，穿民服的只有上数第四排女性画像。
所戴之冠为额帕上装饰的一排钿花，身穿明代晚期流行的赤色立领右衽衫，衬衣，下穿百褶裙。与孔府旧藏和上数第三、五排女性所穿大衫类似。

2. 明末清初和清代容像

这部分内容包括明末清初成像 1 幅，清代成像 12 幅，成像未作时代标记 1 幅，共计 14 幅（图 6）。容像内容有男有女，以单人像为主，除侍佣外，只有一幅为三人的群像。从容像所附"诏书"（当为伪作）和像赞等文字记载中，可知容像表现的人物所处时代有唐代和明代。而从服装上观察，除个别容像人物服装作唐代风格外，其余均作明代官服装束。

（1）唐代人物容像服装

在本文论及的这批徽州容像中，从服装上观察，有两幅比较特殊，即清 10 和清 11。两幅容像均为半身像，服装为头戴巾，身穿红色圆领袍，内有衬衣，手持笏板。根据像赞和容像附录"诏书"内容可知，容像主人为唐初越国公汪华。

汪华（586—649），字国辅，绩溪登源间坑人。隋朝末年，汪华在群雄割据战中，于歙州发动兵变，一举攻下新安郡，后相继夺取婺州和饶州等地，拥兵 10 万，号称吴王。唐武德四年（621），汪华主动上表归顺唐朝，高祖李渊授予其方牧，持节总管六州军事，兼任歙州刺史，封上柱国越国公，是为徽州历史上杰出人物之一。

两幅汪华容像首服（巾）有所不同，其中，清 10 汪华像头巾为翼善冠，"冠"的两角上翘，据说该冠由唐太宗李世民所创。《新唐书·车服》："（太宗）采古制为翼善冠，自服之。"[1] 至明代永乐三年，翼善冠从皇帝始，下至郡王等均可戴之（图 7）。[2] 再看看清 10 汪华像所穿袍服为红色圆领袍，这款袍子是隋唐到明末帝王和官员的常服，用颜色区分等级。依照唐制，"至唐高祖，以赭黄袍、巾带为常服。……亲王及三品、二王后服大科绫罗，色用紫。五品以上服小科绫罗，色用朱。六品、七品服用绿。八品、九品服用青……"[3] 明代皇帝常服用黄色，袍上饰有盘龙图案。亲王至郡王常服色用赤色，袍上饰有蟠龙图案。[4] 品官服色如前文所述。

徽

州

容

像

---

① 《新唐书》卷二十四《车服》，中华书局，1975 年，第 527 页。
② 文见《大明会典》："冠乌纱折角向上巾，亦名'翼善冠'，亲王、郡王及世子具同。"详见（明）申时行等：《大明会典》卷六十，台湾新文丰出版公司影印明抄本，1976 年。图见陈晓苏主编：《明宫冠服仪仗图》卷一，北京燕山出版社，2015 年。
③ 《新唐书》卷二十四《车服》，中华书局，1975 年，第 527 页。
④ （明）申时行等：《大明会典》卷六十，台湾新文丰出版公司影印明抄本，1976 年。

汪华最高职位是越国公，从一品，对照上述唐代服制可知，汪华当穿紫色袍才对，不能穿四、五品的朱色，而不论是一品还是四、五品则都不能戴翼善冠。如按照明代服制对照，汪华为越国公，公爵地位虽高于品官，但在明代也不能进入王的服饰等级序列，故也不能戴翼善冠。只是其袍服品色可享受明代一到四品官的绯色，算是有所对应。据此，清10汪华像所穿官服，既不符合唐代服制，也不完全符合明代服制。

图7　翼善冠 选自《明宫冠服仪仗图》

图8　戴幞头的唐太宗和官员 选自《步辇图》

　　清11汪华像首服为幞头，该首服始于北朝，由幅巾和鲜卑巾演变而成，巾的两角下垂。这种软脚幞头作为常服在隋唐时期盛行，没有等级区别，从皇帝到末级品官均可戴用（图8）。[①]唐代与幞头相配套的官服的圆领袍，颜色等级如前文，而到了明代，软脚幞头已经退出了官服系列，与明代常服圆领袍相搭配的改为了乌纱帽。据此，可明确清11汪华像所穿绯袍只符合唐代四、五品常服制度，而低于其越国公幞头加紫色圆领袍的一品官服制度，服装颜色不对。

　　（2）明代制度风格人物容像

　　①新断代容像

　　除去两幅标明唐代汪华容像外，其余12幅均为明代服饰风格。其中，有一幅无时代容像，根据其黑色乌纱帽造型、圆领袍上补子以及腰间带銙内容判断，其风格接近明2，当为明代二品官容像风格，可初步断代其成像时间为明代。

　　②男性容像

　　这部分容像共包括10幅，服饰比较接近明代服制内容的只有"明末清初"一幅，该像除带銙内容与制度不符外，乌纱帽、袍和补子等基本符合明代制度。其余9幅容像服制则都与明代服饰制度出入较大。

① 孙机：《中国古舆服论丛》，文物出版社，1993年，第156—167页。图见盛天晔编：《唐代人物》，湖北美术出版社，2012年，第23页。

③女性容像

清 12 为一幅单人女性容像，服饰内容与明 6 单人女性容像服饰基本相同，成像时间被断代为清初，根据两幅容像的比较，成像时间应该是接近的。另外，清 9 为一幅三人容像，其中前排为两位女性服饰与明 7 上数第五排女性服装接近，只是清 9 两位女性服装胸前缀有补子，但从服饰上判断，目前断代时间可信。

三、结语

徽州容像作为一种文化现象，已经广泛流传了六百年，其根源仍然是中国传统文化的延续，而这种延续的焦点就是祠堂和家庙的建立和发展。形成祠堂和家庙发展的基础，除去地理环境、战争迁徙、追求经商等因素外，更重要的是以下两个因素：一方面是由于唐宋时期的礼制变化，其中《朱子家礼》的产生对徽州地区家庙和祠堂的产生起到了奠基作用。另一方面是受传统的祖先崇拜习俗影响，这也是推动该地区宗祠堂族意识发展的重要因素。含具传统文化祠堂家庙的大力发展为徽州容像的发展提供了土壤和空间，可以说，祠堂和家庙是徽州容像发展的重要基础之一。

包括徽州博物馆部分容像在内，就笔者所见到的徽州地区容像，单从容像人物服饰表现来说，明清内容不论在数量上，还是在风格上都是其主流，特别是明代，这与明代嘉靖、万历时期社会环境祠堂数量的增加有关系。一般情况下，祠堂或家庙中供奉多代祖先容像是不可缺少的，因此，明清祠堂和家庙的持续发展与容像的增多应该是成正比的。

明清时期徽州容像还有一个明显特点或问题，就是容像服饰内容相似甚至雷同者较多，以本文论及的这批容像为例，表现的基本都是明代服饰内容，这个并不是本文想要论及的问题，其问题在于以下几点：

1. 服装系列雷同。在全部 21 幅容像中，除去个别民服装扮容像，绝大多数人物服装均为明代官服中的常服系列。

2. 人物服装品级接近。在 16 幅画有男子官服容像中，除去一些有明显错误服装外，其官服等级都集中在二、三品之间，而从当地文献记载看，在明代当地并没有那么多二、三品官员。

3. 容像所绘其他朝代人物服装不准确。这个问题以唐初人物汪华最为突出。

初步研究认为，以上徽州博物馆馆藏部分容像问题主要是两方面原因所致：其一，容像绘者（包括容像后人和出资者）除程敏政像外，多数绘者对明代服饰制度缺乏了解。其二，容像绘制依靠粉本。按照中国绘画传统，不论民间绘画还是各类官画作品，都会遵照一定的流传下来的格式样本进行绘制，粉本即是其中之一。清方熏《山静居画论》（上）记载："画稿谓粉本者，古人于墨稿上加描粉笔，用时扑入缣素，依粉痕落墨，故名之也。"从以上21幅容像内容观察，成像时间越早，其真实性越高，反之逐步降低，这也是判断容像成像时间的标准之一。值得一提的是，徽州博物馆所藏这批容像的断代时间基本是可信的。

报本追远的瑰宝

——

徽州容像

北京鲁迅博物馆（北京新文化运动纪念馆）　何巧云

皖韵徽风——徽州，是一个古老的地域名称，经历了从"三天子都"到"蛮夷"的地名，又名新都郡、新安郡和歙州，直至宋徽宗宣和三年（1121）改名为徽州；其地理空间为徽州府及下属的歙县、黟县、婺源县、休宁县、祁门县、绩溪县，统称一府六县。同时，徽州又是一个意蕴丰富的历史、文化和思想概念。温婉美丽的徽州，外有崇山峻岭，内有沃土良田，新安江蜿蜒曲折，穿过这片"山限壤隔之地"，已然形成一片世外桃源。汉代以来为了躲避中原的战火和灾难，士族和百姓纷纷迁徙至此，在这里繁衍开拓，世世绵延；亦有诸多文人墨客因留恋此地景色优美，而长居于此，一齐创造形成了体系鲜明、精细雅致的徽州文化，而徽州容像即为其一瑰宝。

徽州容像始于南宋，盛于明清两朝，它是徽州文化的一部分，也是徽州绘画乃至新安画派的重要组成和特别体现。徽州容像多为祭祀祖先而作。传统徽州地区在节庆之际会挂起逝去祖先的容像以供子孙瞻仰，它是徽州祭祖活动中一项重要的民俗活动。在徽州的传世宗谱中多有记载："届期族人各张挂遗容，迎祖先、奉中堂，朝夕荐享度。"但徽州各地张挂祖容像的时间不一，歙县"岁时礼俗，正月悬祖容于庭，张灯设饮。至元宵后三日撤，谓之十八朝"。绩溪县"自元旦至十八日，祖像前每夜焚香燃烛，谓之照容"。这应该是张挂十八天左右。然而在黟县则悬挂时间较长，将近二十六天。"邑俗：腊月二十四日夜，在祠祭祖并于是日悬挂先人容像，至明年正月十五或二十日，始拜而收之。"在年末的时候，高高挂起祖先的容像，似乎使祖先们也能共同感受这种节日的气氛，并真诚地表达出后人追思的情感，这是祖先祭祀的重要表现。

祖先祭祀是人类最原始的信仰之一，最早起源于人类的自然崇拜和图腾崇拜，从万物有灵和灵魂不死观念中逐步演化出鬼神观念，并出现了祖先信仰，进而转化为祖先崇拜。祭拜祖先容像，古已有之。汉代起，传统"庙祭"衰落，以墓地为中心的祖先崇拜获得长足发展，已故祖先的画像和象征物，被安放或画在墓葬的祠堂里。在汉代武梁祠石壁画像中已出现有作为始祖的伏羲女娲像，其四壁也刻有武氏家族先人像讲述的故事。及至唐代，佛教的影堂制度多为流行。影堂是存有画像之室，每年春节、冬至多举行法会祭祀，部分士族之家也设有影堂。其后因五代战乱频繁，礼仪制度被破坏，宋代开始主动继承并改良旧有的贵族家庙制度，推动礼制的平民化。朱熹制《家礼》简化家庙制度，儒学士人以实际行动推动祭祀改革。此时的民间社会出现了简化的影堂，"岁时伏腊，良辰美景荐享之"，由此促进了徽州容像的兴起。

但是，对于影堂中是否可以采用画像，存有一定的争议。二程所言："大凡影不可用祭，若用影祭，须无一毫差方可，若多一茎须，便是别人。"这个观点被固执的宋儒所坚守，他们反对在祭祀中用像图，并以此为依据，认为古来只有木主而不用像图。对此，后人多有驳斥，驳斥者强调：上古时期设"尸"祭祀祖先，是因为其像祖先的"神"，而祭祀统一使用木主，形式单一，不能传示出身形表情，也没有面目冠裳，这样子孙的精神和祖宗之灵爽就很难会通。如果有图像，则不然，通过图像既可以让子孙感受到祖先的存在，又可以联合一族的精神，真正地会通祖先的神灵，容像起到的正是这样的媒介作用。因此他们强调，只有通过绘像才能将祖先的形象再次勾勒浮现出来，才能使得子孙们感受到祖先的关注和荫庇，从而激发起子孙的个人感情。这些理论上的争论在现实中得到了妥协与弥合。因为在实际的祭祖活动中更加侧重的是祭祀仪式的功能而不是形式，因此，用什么样的物品来作为祖先的替代，这不是根本，最为重要的应是对祖先所体现出来的"敬"与"诚"，这正是程朱理学所尊崇的。

因为祭祀的重要功能之一是为生者提供与祖先交流的机会，因此绘像由此可以给子孙们留下深刻的印象。一位宗族精英回忆起自己初见祖先容像时的感觉：

"忆童子时，岁腊月，随诸父兄拜奠列祖喜容前，诸父兄为予言曰某公某妣之容肖，或曰孝甚，兼又道其行事与其生平所嗜好，刺刺不休，而于世远者多不复云。骏退而喜窃记之。又时时为不知者称说。然犹以远祖之遗像不传或传矣，而行事不载，有深情焉。今年冬，以曾祖考妣遗像剥落，整而新之，相与瞻拜于庭，拜毕而起。"通过容像这种直接的、真实的形式向子孙传递着某种延续的情感，使得子孙们在小的时候就能够在父辈的带领下，感受到这种家系力量的伟大，并在他们幼小的心灵留下不可磨灭的印象。这种影响是直观的，也是深刻的。

另外，在中国传统文化的语境里，一个人家族血脉的延续被认为是至关重要的事。因此，通过祭祀祖先容像来表达家族慎终追远的感情，可唤醒参与者的思念与渴望连接之情，也可以为族人寻找到认同和归属感，从而凝聚成一种力量，这种力量可以超越日常生活的俗世，使得共同祭祀的族人进入一种超象征性的状态中。祭祀仪式开始后，在那些"画笔奇古，神彩如生"的容像中，炯炯有神的目光，仿佛穿越过时间，香烟袅袅中，先人们飘然降临，仿佛就从画像中走下来，"使夫风采可接，而馨劾之可亲，宜必肃然起敬，惕然而深省，而向善之心，亦将有油然而生者"。仪式活动激发了在场者的社会感情和责任感，这样强烈的归属感和使命感对于宗族建设有着重要的作用。人们超越了现实，而自发地、短暂地团结起来，由此带来整个宗族的和睦与兴旺发达，从而最终实现敦宗睦族之理想目标。因此，在传统徽州社会，宗族都积极利用这种容像祭祖的方式，通过张挂祖容像这种祭祀活动充分发挥祖容像的传神功能，以诚恳、崇敬、慎重的态度来进行祖先祭祀活动。

除祖容像外，徽州容像中亦有部分为先哲圣贤绘制的容像，二者均为晚辈后学寄托对先人贤哲思念敬仰之情的重要载体，起到教化后人和纪念先人的作用。然而，对于个人而言，人对于过去的记忆和情感，会随着时间的延续而容易遗忘。对于容像而言，随着时间的变迁，这些纸像已经黯淡破残，布满霉星，已然皱褶或是污渍，退色或是焦脆，容像本身的现存状态均已经破损。每一次将容像张开悬挂，都能连接起历史停留的片刻；每一次卷轴收藏都有了新的历史信息的注入和沉淀。像容依稀仿佛，可以从其中蕴含的历史状态中去追寻时间无垠的可能。面对那些从遥远的时代所传述而来、所描画而出、所影摹而现的祖先和先哲们，身着华服、头戴官帽，严肃地坐着，身边的案几、图书、花瓶、中堂画透露着的历史信息，和他们共同昭示了这个家族荣耀的过去或是儒学先贤的理想境界。在祭拜仪式中所有参与者所凝聚形成一个共同的记忆，追忆这共同记忆的过程，又形成了关于时间的流逝和新的历史叙述，人们即是以这种方式来经历时间，领悟时间。在时钟上显示的时间会随着昼夜四季、日星月年的循序流转变化，而心理时间却是可以通达无限的时间域。无论是回顾还是展望，"后之视今，亦犹今之视昔"，这种同过去以及将来的联系，会时刻牵动起每一颗瞻仰容像的诚敬的心。

徽州素被称为"东南邹鲁，程朱阙里"，崇祖敬宗、重儒崇文是徽州重要的人文传统。徽州容像正是体现徽州人们这种报本追远、水木思源之精神追求的文化瑰宝。博物馆的重要工作职责是征集、典藏、陈列和研究代表自然和人类文化遗产实物。中国徽州文化博物馆作为徽州本土文化展示中心，宝藏着这些数量可观的徽州容像，是珍贵的文物，是时间沉积的瑰宝。每一幅卷轴画在流传的过程中都经受着时代的历练。然而，在很长一段时间内，由于其民间性，未能受到充分的关注，随着时间的流逝，它的价值不断呈现，重新挖掘徽州容像的文献、艺术、历史价值，吸引着越来越多的人们的关注。如今，它得以真实的绽放，并在新的时代中，被赋予了持续和变化的生命。

这是一本区域的历史记忆，承载着徽州地区永恒的追思，并将这种人文情怀继续代代传递。

徽州容像浅析

——

以安徽中国徽州文化博物馆几幅徽州容像展品为例

安徽中国徽州文化博物馆　姚文孙

所谓容像，又称祖容、祖宗像、祖容画像。它是根据祖辈面容绘制的人物肖像画，大型彩绘遗像通常悬挂于宗族祠堂或居所厅堂，小型黑白遗像（多为正面头像）往往置于族谱家谱的前面位置，用于对逝去先辈的纪念、瞻仰、祭祀之用。通俗地说，容像多指晚辈延聘画师为在世长者或逝去先人留影存照。也有人因为政、为教有功，深得民心，子民自发为之立生祠绘像，如明代徽州人就因汪华等先贤圣哲、"良守、良令，公在地方，感在人心，结栋宇而绘冠裳肖像"①，以供人们瞻仰。容像是晚辈后学寄托对先人贤哲思念敬仰之情的重要载体，属于人物画范畴，但与一般人物画有一些区别，构图相对单一，多数作品整幅画面只有人物，无配景，无场景，绘制祖宗像是其主要部分，从事容像画者也多为民间职业画匠，社会地位低下。容像在近代摄影、印刷技术普及之前，人们追思和缅怀已故长辈、祖先的形象只能依赖写真的"容像"。安徽中国徽州文化博物馆藏有徽州容像百余帧，其中在常年对外开放的基本陈列"徽州人与徽州文化""徽州教育"展厅"徽州宗族"单元的展品中，先后展出六幅徽州容像：一是清代文公先生真像（复制品），二是清代新安太原王氏源流统宗世系家谱图，三是清代夫妻二人容像，四是清代一夫二妻容像，五是清代汉黟侯方储容像，六是明末清初十一人容像。

①《鲍氏颂先录·都御史鲍公生祠叙》。

一、画像介绍

　　明代文公先生真像，纸本，纵 185 厘米，横 87 厘米，在徽博基本陈列"新安理学"单元展出的为复制品，原件自 1979 年收藏于歙县博物馆。图绘朱熹先生坐像，只见朱文公脸上右眼角旁有 7 颗黑痣，挺直静坐于虎纹椅上，头戴丝帽，身穿绿色红边右衽袍服，脚穿官靴，双手相交于袖内，右手大拇指露于衣袖外，神情肃穆。在画作的上方三分之一篇幅有楷字金书像赞，标题即：文公先生真像，正文曰：□□□十年前，□□□把镜回看一怅然，谅无几，且将余日付残编。尚城吴氏社仓书楼为余写真如此，因题其上，庆元庚申（1200）二月八日沧州病叟朱熹仲晦父。余从髫年已知有文公先生，心切乡人，既而习句读，诵其遗书，益想见其人，奈今古异也。及对策公车，授婺令，盖欣欣喜。谓往虽不及与公同时，犹获拜公之庙。瞻公之像，勃然如见公也。每礼成，低回、不能去。至岁己丑，余宰邑六年所矣，适建安嗣孙文学持公像示余，乃庆元庚申前十年所写者载，公亲题。望之，俨然有道气象也。而况亲炙之者乎？余最不类独一念，孳孳愿我师焉。因命工刻石庙中，以传不朽云。万历十七年（1589）季夏望日，后学豫章万国钦和甫撰。皇清乾隆廿九年（1764）季秋上浣癸未科进士嗣孙光训书，嗣孙康林修（图 1）。

　　朱熹 (1130—1200)，字元晦，又字仲晦，号晦庵，晚称晦翁、考亭先生、云谷老人、沧州病叟、逆翁，别号紫阳，谥文，世称朱文公。祖籍江南东路徽州府婺源县 (今江西省婺源)，出生于南剑州尤溪 (今属福建省尤溪县)。南宋著名的理学家、思想家、哲学家、教育家、诗人，理学集大成者，闽学派、新安理学的代表人物，世尊称为朱子，是孔子、孟子以来最杰出的弘扬儒学的大师。清康熙帝称朱熹为"集大成而续千百年绝传之学，开愚蒙而立亿万世一定之规"。中国现代著名历史学家，被学术界尊为国学宗师的钱穆先生在《朱子新学案》中说："中国历史上，前古有孔子，近古有朱子……旷观今史，恐无第三人堪与伦比。"虽然朱熹是在福建尤溪出生的，其主要生活与学术活动也大都在福建，但他总时刻不忘自己是个徽州人，对徽州作为他的祖籍故乡强烈认同，深有感情。据史料载，新安朱氏始祖、官至殿中丞的师古公于唐僖宗乾符年间 (875—888) 为避黄巢之乱，

图 1　文公先生真像

由姑苏饮马桥迁到今安徽省黄山市屯溪区东北部的篁墩村。朱熹终生不忘始祖故土，他自叙茶院谱后说："吾家先世居歙邑之篁墩。"故朱夫子注《大学》《中庸》必曰"新安朱熹"。据安大徽学研究中心刘伯山教授介绍，朱熹中举后，曾两次回徽州故里省墓探亲。第一次于宋高宗绍兴二十年(1150)，到紫阳山拜见其外祖父祝确处士。第二次是淳熙三年(1176)春，到紫阳山拜谒祝确故庐，讲学于老子祠，并题书"旧时山月"四字。宋理宗淳祐六年，歙县建立紫阳书院，传授"朱子之学"。因此，现在在徽州不少地方还流传着朱熹很多故事。尤其是朱熹提倡读书，认为穷理之要，必在读书。这一点对徽州影响很大。[①]徽州因此文风昌盛，人们知书达理，生活在"读朱子之书、取朱子之教、秉朱子之礼"[②]的环境里，素有"东南邹鲁"之称。"朱子之学行天下，而讲之熟、说之详、守之固，则惟推新安之士为然。"[③]朱熹是徽州朱氏家族中的翘楚，更是徽州人心目中最崇敬的大儒、圣人，他作古后，徽州人为其追写容像，并张之于宗祠、书院、书斋、徽商会馆等不同场所，加以崇祀祭拜，以朱子之教为自己的精神皈依、最高原则及保护之神。

清代新安太原王氏源流统宗世系家谱图，纸本，长10余米，宽30.5厘米，三级文物。在该家谱图的前面有两幅彩绘上半身容像，并题赞。卷首残损不完整，录有部分源流考曰：仁护公（七府君）文□、文宥，仁潜公（八府君）文禄、文昌，仁干公（九判簿）文岳、文庆，仁遇公（十新班）文机、文和，仁显公（十一府君）文饶、文质、文迥。按□□□□□□是自二世祖延钊公始也，历四世阖门三百二十六人。指以族大、人众，难以同居。始为分析。宋仁宗皇帝御书"孝友信义之家"，旌表其间。今特著图于卷，以见隆重之意，云尔。赐进士及第中奉大夫兼侍读纂修国史主管武夷山冲祐观赐金紫致仕裔孙琪百拜敬述。钤朱印"王琪私印""三槐王氏"。第一位男像主，头戴唐代官帽，身着圆领红色朝服，双手执笏板拢于袖内，笏板靠左肩，面容和蔼，体态雍容。后附：宋明经□□□忠公遗像赞：文靖华裔，参军流芳，名兼祖□，□□经杨，昭代儒笏，郡城开疆，功阐圣道，姓著混堂。宋咸淳三年丁卯（1267）夏五月吉日，安抚副使吕文焕拜书。吕文焕（？—1299？），号常山，小名吕六，是南宋淮南西路安丰军（今安徽寿

---

① 程堂义、郁春媛：《多地纪念朱熹为哪般？》，《合肥晚报》2017年1月9日第A09版。
② (清)吴翟：《茗洲吴氏家典》，黄山书社，2006年3月版，第3页。
③ (清)方崇鼎纂，(清)何应松修：《道光休宁县志》卷一《风俗》。

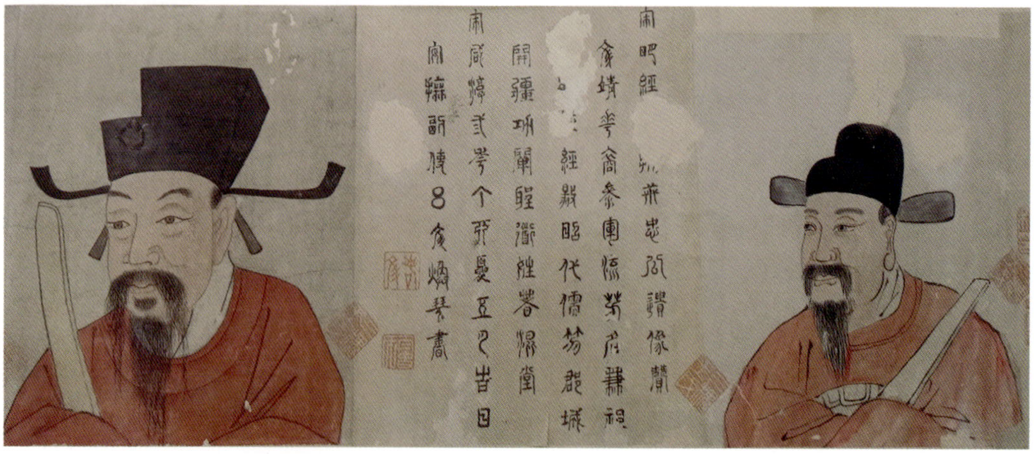

图 2　新安太原王氏家谱图之容像

县）人，与其兄吕文德同为宋末抗蒙将领，活动年代是宋末元初。对于吕文焕的评价，或许用"南宋最矛盾的名将，一位先忠后奸的灭宋贰臣"来说比较合适吧，他至少在 1267 年独守襄阳时，意志坚定，忠贞不二，率领宋军抵抗蒙军六年之久，创造了中世纪守城战的奇迹。但他 1273 年降蒙后又尽全力帮蒙古人灭大宋，可以用助纣为虐、恬不知耻来形容。写该像赞的 1267 年，他以功累擢知襄阳府兼京西安抚副使，成为正式的襄阳守将，抵御蒙古将领阿术、刘整围攻。第二位男像主，头戴宋代官帽，着大红圆领官袍，面目清晰，八字须，双手执笏板，笏板斜靠右侧。后附自由体书；元授总管千三公像赞：明人元杰，总辖群州。岂逢乱忧，权统诸酋。明经遗轨，曹使垂猷。功存先代，世尊作求。永光北市，克绍箕裘。至元十七年庚辰仲春之吉，集赞大学士许衡拜题。钤朱印"许衡之印""学士印章""三槐王氏"。随后便是"新安太原王氏源流统宗世系家谱图：太原王氏系出姬姓，自后稷至公刘，公刘至王季，王季至成康，累圣重光，以成王业，天所命也。迨平王东迁之后，至灵王，厥德难征，而天命未改。太子晋季子乔封于缑山，是为王氏之鼻祖也（后附世系谱，本文从略）"。自（东）周第十一代周灵王太子晋开族立姓至今，子孙绵延海内外，太原王氏前后相继近百代，上下达两千五百余年，真可谓"王家远祖肇轩辕，百世流风溯太原"（图 2）。

清代夫妇二人容像，纸本，纵 188 厘米，横 115 厘米，三级文物。画中一对夫妇，男左女右，皆着代表身份和地位的清朝冠服。其中男主人端坐于虎皮黄色木圈椅上，头戴镶珠宝珊瑚的顶戴花翎，脖挂朝珠，在官服下边为黑面白底官靴，右手撑于膝，左手环于腰际。女性身着织有二龙戏珠图案的一品诰命服装，头戴黄金

图 3　夫妇二人徽州容像　　　　　　　　图 4　一夫二妻徽州容像

镶珠宝珊瑚的凤凰冠，双手呈环形入袖，双脚被诰命服装遮盖。整幅画饰以木雕屏风和祥云飞鹤等传统吉祥图案的地毯为背景。通览之下，色彩绚丽，有一股华贵喜庆的气氛。容像轴的诗堂部位预留像赞跋语位置，但空白未曾题字，惜憾像主具体身份信息不明（图3）。

　　清代一夫二妻容像，纸本，纵150厘米，横89.5厘米，三级文物。画中没有任何背景修饰，男主人公为明代装束，系一须发花白的年长者，圆领五品文官补子官服，腰束玉带，左手握着腰带，右手抚膝，指甲修长，面容和蔼。身前并排坐着两位女性，当为其两位夫人，衣着交领补子襦裙，两人身材、面容、神态，乃至座椅等都高度近似，画匠依照样本描摹痕迹明显（图4）。

　　清代汉黟侯方储容像，纸质，纵243.5厘米，横121厘米，二级文物。该画像没有山水草木等背景修饰，直面像主。画中人物一改容像惯有的坐姿，为少有

图5 方储容像

的站姿立像。国字脸，山羊须，脚蹬黑面白底靴（系清代绘制容像常用鞋样），身材高大，两手交握，指甲修长，眼睛正视前方，炯炯有神。所穿外衣乃大红宽袖袍服，黑边袖口，鸡心袒领，交领右衽，衬有白色内衣，袍服外左右各佩挂一条三彩青绶，颈戴金项圈，头裹巾帻，并加戴缁布进贤冠，系典型的东汉朝官人物造型。从画像中人物的五官相貌、神态、体态、服饰等来看，线条流畅，笔触沉稳，笔画细腻，人物表情镇定，器宇轩昂，体现出威严与睿敏，森然有庙堂之气。画像构图精到，绘画技法精湛，显示出画者的高超技法。此画由丹青妙手采用上乘的矿物质原料调制而成，时隔数百年，朱砂红、珍珠白、金粉等颜料仍然没有脱落，颜色鲜明，基本保持了原样。其容像之大幅、色彩之鲜亮、人物之英俊、形象之逼真、画工之精美，令参观者纷纷驻足，赞叹不已。画眉有像赞，上楷书：御赞尚书令、汉黔侯方储：天生良弼，冠世之雄。伊吕德侔，萧曹功同。裁成辅相，四海春融。图汝之像，焕耀宗风。三十二字的赞语，是对方储一生的评价，对其业绩、功德等，画龙点睛地予以了颂扬。此类赞语大多为后世子孙所为，不过也有不少图像赞语是当时的名人所书写的，而级别最高的当属皇帝的赞语，方储容像赞语当属此类（图5）。

方储，字圣公，又字圣明，雷公93世孙，周元老方叔公28世孙，汉太傅望公曾孙、伏波将军雄公之子。聪颖博学，曾精研《易经》，通晓图谶占卜之学。东汉汉章帝建初四年（79）举孝廉、贤良方正，对策天下第一。建初五年，日有食，诏举直言直谏之士。时丹阳太守周歆以储进，皇帝召见后封为郎中，不久出为句曲令、阜陵令。元和元年（84）又举贤良方正，对策仍为天下第一，拜博士迁议郎，任太常卿洛阳令。永元五年（93）六月，汉和帝将郊祭天地。储识天文，劝帝毋往，云是日天有变。帝不听，至郊见天气晴朗，遣使者行诏责储欺君。储对使者说，咎时且至，速去护驾。使者去，储叹曰："为人臣耻蒙不忠名。"遂饮鸩自杀。及帝返途中，忽落冰雹，大如雁子。帝归而召储，储已死，帝伤之。追官太常尚书令，封黟县侯。此后，世人皆称方储为"仙翁"，逐渐将其神化，并立庙。北宋政和七年（1117），徽宗赐"真应方仙翁庙"额，歙南霞坑柳亭山"方仙翁庙"亦得赐"真应"庙额。从明刻本《新安名族志》来看，方氏是其收录的78个名族中最早移民徽州的。生前显赫、死后神化的方储为歙之东乡（即今浙江淳安）的三世祖，虽然不是方氏始迁江南的第一人，但由于仙翁庙、真应庙逐渐成为方氏子孙结集的场所，"每岁仲春三日诞辰，子孙陈祭行三奠礼，读祝升歌，罗拜其下，祭毕聚饮欢洽而散"①，因此方储被视同为新安始迁之祖，成为宗族崇拜的偶像，方氏认同的标识，方氏后裔的精神领袖，古徽州第一个地方神。方储是徽州之域第一位得到皇帝圣旨钦赐的徽州历史名人（有圣旨全文留存，并载入《后汉书》），也是第一位入中华正史记载的徽州历史名人（《后汉书》）。

明末清初十一人容像，纸本，纵125厘米，横61厘米，二级文物。画中没有像赞、木主和山水草木等，仅在前二排身后中间设一圆形镂空制作考究的香几，台面上有一香炉和照明灯。画像中人物众多，自上而下有五排，共十一人，系徽博馆藏徽州容像中人物最多的一幅。最上方一排，明代五品文官（参见其织在大襟袍上的官服补子白鹇图案）大红朝服打扮的男性居中，端坐虎皮靠椅，左右两侧各一女性，分别身着花青色、石绿色的诰命服装，当为其配偶；其余四排各有一对夫妇，采男左女右的排列方式，当为像主最尊者的四位儿子及其夫人。四位男性皆处士装束，身着道袍，头戴唐巾，风流偶傥，是晚明士人流行的搭配。男装颜色不一，自上而下分别是朱磦、生赭、头青、土黄，男性手势略有区别。上方二排长子夫人身着曙红圆领补子襦裙，头戴凤冠。其余三位妇人则是交领襦裙，6位女性都是双手呈环形入袖，双脚被服装下摆遮盖，唯穿着衣服颜色（如下三排女装依次是钴蓝、深红、深褐）。画中人物皆为坐姿，正襟危坐，凝神平视，挺腰直脊静坐于披有五彩团花靠垫的木圈椅上（图6）。

---

① 方善祖总修：《方氏会宗统谱》（乾隆十八年刻本）卷十七《庙额·敕赐黟县侯庙额》，第63页。

图 6 十一人徽州容像

二、由容像反映的史实与习俗

徽州民间肖像画，始于唐宋，盛于明清，大约有千年历史，其鼎盛时期，在明万历至清乾隆时期（1573—1795）。祖容像流行于各地，但在古代徽州表现得尤为突出，这是因为徽州是程颢、程颐和朱熹的故乡，程朱理学对徽州产生了深远的影响，遵守三纲五常成了封建道德的规范。南宋以后六七百年，程朱理学不仅被确立为官方哲学，也成为人们日常言行的是非标准和识理践履的主要内容。明清时期，徽州宗族制度发达，徽商利润的一部分流入徽州本土，建祠堂、修家谱、画容像，成为宗族活动的重要内容。容像作为人们"慎终追远"最直观的"道具"，而广为人们重视和供奉。无论是画容像、挂容像，还是拜容像、收容像等，都是徽州民俗，尤其是祭祖活动的重要内容。

画容像。明清以来，频繁的祭祀及宗谱修撰活动中均需容像。徽州大多数人家以恪守孝道著称，尤其是衣锦还乡的徽商、官宦延聘画师为父母、先人绘制容像自然是情理之中的事。"绘像所以传先人之神气，以示子孙，起诚敬也。"[1]容像的绘制，有的是长辈在世时所画，有的是画家根据家人描述绘出，更遥远的祖先像，则是依据谱牒记载或口耳相传来完成。年纪大的人对容像更是在意，也有主动提出延请画家为自己画像的，如歙县《鲍氏诵先录》下卷记载："廿三年冬，镳以大挑选舒城训导。将之官，太君谓镳曰：'余自六十年至今，亲见汝等继书香、露头角，诸孙亦方兴未艾。今以七十衰且老，汝行将赴学官任，勿为我寿，愿请高手画一像，以留纪念。'"大选，是乾隆十七年定下的制度，指在会试后挑选应考三次而不中的举人到地方任用。任用分为二等：一等以知县试用，二等以教职铨补。鲍镳被铨补为舒城县的学官，临行前，母亲没有别的要求，只希望儿子请个好画师给自己画一张容像，留作将来的纪念。"百世之后，茫然莫知其为谁也。即有闻于人，而不知其为何状也。闻以人重人以像显，或庶几千古在乎。"[2]毕竟通过绘像来将祖先的形象再次勾勒浮现出来，使得子孙们能够感受到祖先的关注和荫庇，从而加深对祖先的思念，激发起子孙之于血脉相传的认同感和光宗

① （清）王修齐：《历溪琅琊王氏宗谱·凡例》，咸丰六年刻本，光绪二十一年刻本。
② （明）许光勋：《歙县城东许氏世谱》，《衍庆录》卷一《古今遗像》。

耀祖的使命感。

　　绘制容像有其约定俗成的规则：徽州容像常见的构图样式是老头、老太太的单人像或双人像（多为夫妻，偶有主仆），也有群像，即老寿星带着几任夫人或几代子孙集体亮相的，以单人像最为常见；或纸本、绢本、墙画、瓷画、木刻等，以纸本最多；或头像、半身像、全身像、立像、坐像等，以坐像居多。由于绘制容像主要是留作追思、祭祀之用，因而其构图样式基本为正面端坐或站立，画面简洁，除容像主体外，几乎没有任何其他用于表现生活环境的道具，偶见木主（像主名讳牌位）、屏风、香几一类摆设，但多寥寥几笔勾勒。再者，由于容像绘制的主要目的是留下像主的面容，因而画家在制作过程中，常将面部刻画得传神、酷肖。脸部以外的其他部分处理则每每从简，有些画家更是程式化地套用人物的姿态、座椅、服饰乃至服饰上的装饰、衣褶纹样。容像无论像主男女老少，往往被描绘成慈眉善目、不苟言笑、正襟危坐、神色庄严状。男女并坐之容像，如果女容戴的是耳环，表示她逝在丈夫之后；如果戴的是耳坠，则表示她是逝在丈夫之前。名人的容像上面，都有一些赞语。赞语的内容，多为对其一生所做贡献的评价。一般绘画容像者都有"底样"或"粉本"，即容像绘制的一些"秘诀"。因为画容像是民间画师的谋生手段，出于自我保护的考虑，绘画技艺非其父子师徒传承，是不会轻易外传的。所谓"鸳鸯绣出凭君看，不把金针度与人"。石谷风先生编《徽州容像艺术》一书中收有 60 幅婺源县王起龙家藏的"底样"，弥足珍贵。[1]

　　明代以前的宋元肖像画传世很少，仅见摹本。徽州明代早期肖像画继承传统画法，与宋元的一般白描法相同，皆以线条勾勒为主。即先用细笔描出五官部位，加淡墨烘染，淡色渲晕，再以色线复勾五官，这属于传统的单线平涂法。明代中期技法有所发展，用墨和色对面部加强明暗晕染，从而表现出立体感和质感，具有地方风格。明代晚期徽州肖像画受到曾鲸画派"墨骨法"的影响，以墨为主，描绘面部结构起伏，明暗凹凸。用淡墨渲染数十层，敷色清淡，富有立体感和质感，从而提高了写实能力，把肖像提高到了一个新的水平。徽州民间画工善于吸收外来技法，融合地方传统取得了好的效果和新的发展。直到清代早期，徽州肖

---

① 陈林：《徽州容像类型分析》，《美术观察》2005 年第 5 期。

像画仍深受曾鲸派（"波臣派"）画风的影响，所画人物"如镜取影，妙得神情"，形象逼真，栩栩如生，使人见画如见真人，成为主流。描绘面部主要用线条勾勒，淡墨渲染。面部明暗凹凸是依靠"色"渲染出来，用色线复勾五官，使墨与色浑然一体，不见笔痕。这一时期肖像画的特点是：墨与色并重、立体感较强、色彩明丽、形象准确、性格鲜明，代表了徽州肖像画的独特风格与最高成就。清晚期和民国年间，有部分画家受到西洋素描和海上画派的影响，表现明暗，有的画脸部直接用擦笔法画出。此外，除画容像外，还为名人作行乐图。这既描绘了人物动态，又增补了园林亭台、花木山石等背景，从而丰富了肖像画内容。徽州容像的作者主要是民间画家，有外来画家，更有本地画家。如明代歙县人柳知白廉，"工山水，写真"。明代休宁人孙子真湛，"传神写照有声明"。清代绩溪人胡白眉振，所画人物"神致如生，秀逸绝伦"。[①]诚然，还有大量的民间画家不见画史记载，没有留下姓名而默默无闻。一些文人画家虽擅写真，但多不齿为之。因此，现藏安徽中国徽州文化博物馆、安徽博物院和歙县博物馆等地的大量明清容像画，多出于无名画家之手，或具体画家不可考。

挂容像。容像悬挂的时间，徽州各县略有差异，但大多数地方最主要是在春节期间供奉。《徽州地区简志》（黄山书社，1989年）"风俗民情"是这样介绍徽州年俗的：过年，一般从"腊八"（农历十二月初八日）开始，家家户户扫除，吃"腊八粥"。农历十二月二十四日为"小年"，是夜，各家烧香点烛，拜送"灶神"上天呈善事。同日，张挂祖宗画像，迎祖过年。农历除夕"三十晚"，各家张贴春联，接"灶神"下界保平安。全家团聚"吃年饭"，然后守岁至夜十二点，鸣放爆竹迎接新年。正月初一为春节，清早，全家老小依长幼次序先向祖宗画像"拜年"，接着吃"利市茶""长寿面"，男子出行拜谒宗祠。当天，人们见面互祝吉利，恭贺新年。初二，开始互相上门拜年，走亲访友。十五为元宵节，家家吃汤圆（元宵），晚间举行灯会，开展民间游艺活动。到正月十八日，"过年"基本结束。"每岁正旦，拜谒祖考。"[②]春祭是徽州生活中一大盛典，是时各村各族各祠各家都要悬挂祖先容像："正月悬祖先容像于庭，供膳如生存，灯节后

---

①姚翁望：《安徽画家汇编》，安徽省博物馆，1979年。
②《环山余氏宗谱》卷一，转引自张小平：《徽州古祠堂》，辽宁人民出版社，2002年，第158页。

乃撤。元宵并前后三日为灯节。"①一些望族大姓常于春祭时将数幅乃至数十幅先祖容像张挂于堂上，供族人瞻仰缅怀。据程敏政《世忠行祠记》记载："月正元日，奉三祖之像于堂，奠献成礼，长幼序拜，饮福而罢。"②歙县"岁时礼俗，正月悬祖容于庭，张灯设饮，至元宵后三日撤，谓之十八朝"。③绩溪县也是张挂十八天左右，"元旦吉时启门，燃爆竹，迎喜神，谓之行方。中堂供祖容，庭除供香案"。又："自元旦至十八日，祖像前每夜焚香燃烛，谓之照容。"④而在黟县"邑俗：腊月二十四日夜，在祠祭祖并于是日悬挂先人容像"。⑤悬挂容像的时间要比歙县、绩溪长八天左右，从腊月二十四日过小年的那天夜里开始，将近二十六天。祁门县马山村叶氏宗族"马山村虽地处深山僻壤，民风纯朴，民俗悠久。每年腊月二十四日要挂祖容像，进行冬祭。三十夜要到宗祠拜祖先，然后再回到各支祠拜祖容。春祭时间为正月初二、初四，三个祠堂轮流，祭后每人发一杯米酒"。⑥

实际上，到了清朝末期，悬挂容像的时间很少放在春节大年初一那一天，大多数宗族选择在除夕的晚上悬挂容像，有的地方称之为向祖先行"封岁礼"。譬如歙县郑村镇的西溪村就是其中的一例。西溪《汪氏支谱》记载的祭祖礼仪中，就有对悬挂容像时间的规定："除夕挂容像，每案设香烛、供果子五盘，每案杯箸一副，夜备酒馔，请封大门，用炮三响；十八日收容，备三牲，请或馔亦可。"⑦绩溪人汪琴鹤在《略谈徽州的祖容、祖像和祖坟》一文中就说："各族祖容均由宗祠保管，逢年一展拜。每年除夕，张挂遗容于族祠中堂，行封岁礼。此后朝夕荐享，瞻仰祭拜。每夜必焚香燃烛，谓之照容。正月十八朝，行礼谢出。支派与私家之祖容仿此礼仪。"⑧所谓"照容"，即"暖容"，指的是夜里在容像前焚香燃烛，让祖宗不至于感到冷清孤寂。"前堂挂容收容共定蜡烛三斤，棒香二百根，火炮计钱一钱，头首挂容收容散伙二次。"在族人集体欢聚的宴席中再次加深对

①许承尧：《歙事闲谈》卷十八《歙风俗礼教考》，黄山书社，2001年。
②《徽州府志》卷二《舆地志·风俗》，转引自王振忠：《徽州社会文化史探微》，上海社会科学院出版社，2002年。
③（民国）石国柱、楼文钊、许承尧纂修：民国《歙县志》卷一《舆地风土》，民国二十六年刻本。
④（清）清恒修，（清）席存泰纂：嘉庆《绩溪县志》卷一《风俗》。
⑤（民国）吴克俊、许复修，程寿保、舒斯笏纂：《黟县四志》卷三《风俗》，民国二十三年刻本。
⑥陈琪：《祁门县马山村叶氏叙伦堂乙酉百年（2005）春祭活动考察报告》，《徽州社会科学》2006年第3期。
⑦汪懋炎编：《西溪"四堂"》未刊本。
⑧杭州徽学会编：《徽学论文集》。

宗族的尊崇和对祖先的感恩。

除了常规性的年节之外，宗族遇到祭祀大典、修谱等重大活动，祠堂和各家厅堂也要挂出祖宗的容像，供族人跪拜和瞻仰。宗族中的显赫人物，也是后人叩拜的对象，故而有的家族在祭拜时，悬挂的容像有一二十幅之多，族中后人在这些容像前一起朝拜瞻仰，场面颇为壮观。

拜容像。享堂是宗族开展祭祖活动、举行祭祀礼仪的地方，容像摆放的位置也就在享堂之上。大年初一，全体族众在祠堂里叩拜祖容，也有一定的仪式。譬如黟县《环山余氏宗谱》卷一《余氏家规》就写道：

每岁正旦，拜谒祖考。团拜已毕，男左女右分班。站立已定，击鼓九声，令善言子弟，面上正言，朗诵训诫。

在祖先容像前朗诵训诫的内容，当然是格式化的。洪武年间，朱元璋曾御制祝文，后世祭祀祖先祝文的范式就是由此而来：

维某年某月某朔某日，孝孙某阖门眷属，告于

高曾祖考妣灵曰：

昔者祖宗相继，鞠育子孙，怀抱提携，劬劳万状。每逢四时交代，随其寒暖，增减衣服，撙节饮食。或忧近于水火，或恐伤于蚊虫，或惧罹于疾病，百计调护，惟恐不安，此心悬悬，未尝暂息，使子孙成立，至有今日者，皆祖宗劬劳之恩也。虽欲报之，莫之所以为报。兹者节届春夏秋冬天气，将温热凉寒，追感昔时，不胜永慕。谨备酒肴羹饭，率阖门眷属以献。尚飨！①

徽州各祠堂朝拜祭祀祖先的祭文格式与此基本相同，以潜口汪氏宗族溯本堂的祠祭（三月三日）祭文为例：

维××年，岁次××，×月××朔，越三日之辰，裔孙×× 等同百拜，谨以瓣香束帛、清酌庶馐之仪，敢昭告于

唐显祖历封照忠广仁武神英圣襄安王　华公

唐世祖安南都督府司马历封德崇衍福广佑王　建公

唐歙州唐模始祖　思立公

唐世祖　必诚公

---

① 张尔岐：《蒿庵闲话》卷一。

唐世祖小宣议　廷臣公

唐世祖　尠公

宋世祖　德昌暹公

惟我王祖室德大成仁，斋英武功著六州，芳流千古。兹逢春祀，报功崇德，敢怠厥忱。列祖相继祔于庙庭，谨荐牲馐，祀神之佑，洋洋格歆，昌大我后。

尚飨。①

徽州祠祭的祭文基本上都是这种格式，第一部分是祭祀的时间，第二部分是祭祀的对象，第三部分是祝词。②

收容像。如前文所述，徽州各地风俗大抵在正月十八左右春节基本结束便收容像，如绩溪县："十八日落灯前夕……是日年事告毕，撤祖像，人各就业。"③黟县："至明年正月十五或二十日，始拜而收之。"民国《黟县四志》卷三《风俗》。祁门县"收祖容"的时间有些不一样，不是在正月十五或十八，而是在初七那天。"初七为人日，收祖容，耍舞狮。"④

三、结语

容像是祖先崇拜行为的产物，既能反映特有的民间习俗，也是儒家伦理道德和宗法观念的体现，记录下珍贵的历史信息。关于悬挂容像的功用，现代杰出国画大师、"中国人民优秀画家"歙县人黄宾虹曾经说过："使夫风采可接，而馨欬之可亲，宜必肃然起敬，惕然而深省，而向善之心，亦将有油然而生者。"⑤也就是说，悬挂容像是为了教育族人要学习祖先的风范，通过朝拜、瞻仰、训诫、分胙等这种亲情的缅怀，可以开启族人的向善之心。族人祭祖时，仰望这些祖先图像，必定会大大加深对这些祖先的印象，从而增强族人的凝聚力和向心力。

徽州容像与徽州祠祭、徽州宗族、新安画派、徽州版画、徽州建筑、新安理学、徽商等，都是徽州文化的重要组成部分。于今而言，徽州容像这些存世遗物对于

① 汪大道：《徽州文化古村——潜口》，安徽大学徽学研究中心编印，2001年。
② 张小平：《徽州往事》，文化艺术出版社，2009年1月第1版，第172—182页。
③ 清嘉庆《绩溪县志》卷一《风俗》。
④ 陈琪：《祁门县马山村叶氏叙伦堂乙酉年（2005）春祭活动考察报告》，《徽州社会科学》2006年第3期。
⑤《黄宾虹文集·杂著编》，上海书画出版社，1999年。

宗族家族史、地方民俗研究和传统服饰研究大有裨益。正如 2018 年 10 月 26 日故宫博物院研究馆员王中旭参观考察中国徽州文化博物馆时所说，高手在民间，综观徽州历代容像肖像画、山水画、版画等，在继承传统、吸收外来营养的基础上不断发展、变化，呈现不同风格，留下了许多有名或无名画师的优秀作品，这些都是珍贵的历史文化遗产，值得我们好好珍惜和保护。

徽州容像浅析

参考文献

1. 王卫东：《慎终追远 孝思不匮——歙县博物馆藏明清容像研究》，《东方收藏》2016 年 11 月，第 76—84 页。
2. 丁琴：《徽州祖容像的文化内涵与艺术特征》，《宿州学院学报》2017 年第 32 卷第 10 期，第 82—84 页。
3. 董建：《慎终追远——写在"馆藏古代徽州容像展"前面》，《黄山日报》2012 年 1 月 24 日第 3 版。
4. 陈林：《明清时期徽州祖容像产生的背景及其艺术特色》，《装饰》2004 年第 7 期，第 67—68 页。
5. 何巧云：《清代徽州祭祖研究》，北京联合出版有限责任公司，2017 年 5 月第 1 版，第 222—224 页。

安徽中国徽州文化博物馆
馆藏容像简述

安徽中国徽州文化博物馆　姚国文

　　安徽中国徽州文化博物馆前身是黄山市博物馆，最早建成于 1963 年，当时为徽州地区博物馆，馆址在屯溪老街 78 号附近。后于 20 世纪 80 年代初在徽山路 24 号坞山脚下建殿宇式三层建筑，占地 27 亩，建筑面积 3850 平方米，1986年底建成后由原址迁入。1987 年黄山市成立，徽州地区博物馆改名黄山市博物馆。2008 年元月 8 日安徽中国徽州文化博物馆新馆落成开馆，馆址在屯溪区黎阳镇迎宾大道 50 号。

　　书画、徽墨、歙砚、徽州三雕、徽州文书等是我馆特色。明清时期的一百余件徽州容像更是我馆馆藏四千余件书画中的亮点。从退休职工兼老书画保管员宛小全处了解到，这些容像都是徽州地区博物馆建馆初期即收购入藏，且在当时就举办过"徽州明清容像展"。

　　容像，顾名思义，即画像，犹容貌。清代顾炎武《赠万举人寿祺》诗："翻然一辞去，割发变容像。"容像是中国古代人物肖像画的一种表现形式，集展示和教化意义于一体，盛行于官方和民间。明清容像绘制较为流行和普遍，传世至今者不少，对于研究当时的风俗人情、绘画表现技法等有较大参考价值。

　　我馆馆藏容像有画轴、册页，包含明代、清代及民国时期，有头像、半身像、全身坐像、全身站像等多种表现形式，表现的人物有单人（男女）、双人（夫妇）、多人（祖孙几辈人）不等。2006 年 11 月初，安徽省文物鉴定站马彬、周晶晶、付慧娟、王刚等专家来我馆（黄山市博物馆）进行书画定级工作，为期一周。保管员对容像进行了专门的整理，由于库房过道场地狭小，有的藏品尺幅较大，有的霉变虫蛀严重，灰尘多，给书画定级带来了较大的工作量，经过一天半的辛苦工作才完成。其中明容 14 件套，清容 86 件套，近代 2 件套，珍贵文物等级的容像 80 余件套。为了能够在新馆的教育礼仪板块中展出，馆里请了本地字画修复师，在我馆三楼的展厅里，临时搭建一座 4×2 米的修复台，2007 年底修复了三件珍贵容像，现还在基本陈列中展览。馆藏容像中，一人容像居多，最多为十一人。其中方储容像横 121 厘米，纵 243.5 厘米，诗堂有楷书跋："御赞尚书令汉黟侯方储，天生良弼，冠世之雄，伊吕德牟，萧曹功同，裁成辅相，四海春融，图汝之像，焕耀宗风。"短短几句四言诗，把方储的生平成就表达的淋漓尽致，袍服为大红色，面部表情生动，须髯刻画飘逸。

我出生在徽州农村，只记得村里的祠堂或户家，每到腊月春节时，才将卷好保存了一年又一年的人物画小心翼翼地拿出来，族姓好几人一起帮忙挂起高大的人物画像。印象里大人点起蜡烛，伏地跪拜，嘴里念念有词，祈祷祖宗保佑全家吉祥平安、子孙满堂、来年风调雨顺等。祠堂里的画像更大更气派，案上摆满祭祀品，村长或族长也是对着画像一顿跪拜祈祷。长辈会以画像中的人物引以为傲，并向儿孙们介绍自己祖上的人品、功德等，大肆渲染以激励后辈们向他们学习。这主要是科举制度在中国历代的盛行，学而优则仕的观念深入人心，在家国同构的宗法农业社会里通过科举步入仕途，不仅是一个人命运的逆袭，更是家族世代的荣耀。为科举入仕者绘制容像悬挂于家中、百年以后请入宗祠，是农业社会背景下的中国家庭和家族对族人、子孙后代进行思想灌输的一种仪式，以达到教化的目的。也听过祖辈们的聊天，才知道画像里的人是某某人或某某姓的祖宗，画像也被俗称为"祖宗像"。只是感觉到怎么画里的人那么威严，画面那么华丽，好像家家的祖宗表情都一个样。过了正月初三或者正月十五，祠堂和堂前的画像又不见了，取而代之的是一幅幅山水画或者花鸟画，还配上了吉祥对联。这样年复一年，后来也只听说哪家的"祖宗像"消失了，或者压根就不挂出来了，可能是市场经济到来的缘故吧！这些画像一时间在民间百姓眼里变成了很值钱的古董。

容像起源较早，唐宋以来，帝王和重臣身着标明身份之袍服的容像便被收藏于宫禁和其他官方机构，以为缅怀和褒奖。明清两朝，徽州容像的绘制和使用达到鼎盛时期。馆藏一件清初容像，共计十一人坐像，主人在最上方居中，一身红色官服，头戴官帽，面目慈祥庄严，左右为夫人，三人胸前配有飞禽补子，说明主人为明代文官。下方四对夫妻，男人居右，夫人居左，应该为老先生的四个儿子儿媳。画师在画容像表情、须髯、服装等线条流畅，用色讲究。很多容像中还配以山水画屏风背景或八仙人物等场景以衬托主体人物形象。因为容像画的是别人家的祖先，是他人在家或祠堂供奉的神，绝对不会出现画师名字或题跋，这是我们在所有容像中看不见作者的重要原因。就如敦煌莫高窟千佛洞的佛像画、雕塑等一样，由供养人出资建造，供养人可能是一个家族或个人，所以也不会在壁画或洞窟留有艺术创造者的名字。

有的容像上方诗堂题有某某公像赞，而且有确切纪年，我们可以直接从中得到部分信息，部分佛像画上有明确的年款，也为我们做深入研究容像文化提供了方便。在没有照相技术的时代，容像是中国古代逼真记录个人相貌神情的重要手段。身着官方认可并标明地位等级或身份的袍服（文官为飞禽补子，武官为走兽补子）、头戴冠帽（宝石、珊瑚、水晶等装饰物），仪态安详、双手交叠相握于腹前或自然倚靠于座椅扶手，人物神情多栩栩如生，具有高度的写实概括性；有点容像人物背后绘有主人的牌位，有着比较详细的地点、姓氏等介绍；而不同容像中人物所着之冠服、背景中的器物等，又多成为今天艺术工作者和研究人员探讨当时社会面貌和风土人情的重要依据。

每张容像的绘制都高度写实，这也符合主人的心里要求，画师要注重描绘其神情的自然平和，符合"仁、义、礼"的教化要求；作为容像，"容"在前"像"在后，观者主要瞻其装容和威仪，而"像"倒在其次。基本上是容像所描绘的人早已作古，画师只能根据当事人的描述绘制容像，所以所绘人物的面部表情几乎千篇一律，大同小异，更在意着重表现像主所着冠服，令其身份等级信息一目了然，很多容像绘制中被表现得尤为精致；也可能存在拔高主人官职，或为取悦主人而绘制不符实际的补子图案、袍服底纹；容像绘制用的颜料很有讲究，古人采用矿物质颜料，不易退色，所以每张容像打开时，首先映入眼帘的便是鲜艳的色彩，让人折服。诗堂中的题跋尽是夸大其词的歌宗颂德美句而无他言。祠堂在徽州是一个庄严肃穆的场所，建筑开间较宽，进深很广，是同姓家族议事、开会的地方，出于高高悬挂于家中或宗祠，起到教化作用，故容像的尺幅通常较大，人物身着袍服、形象接近或超过真人大小，尤其是明代容像。从馆藏清代的容像来看，画师则将袍服及其身份等级符号和背景中之器物描绘的愈发精致，而人物神情逐渐走向程式化、脸谱化。馆藏一件民国人物像，画工极近写实：主人头戴礼帽，内衣为白衬衫，领带，外套为西式毛领风衣，脚穿尖头皮鞋。将人物眼神（眼珠）却没画对称，有点斗鸡眼。虎皮及貂毛纹理、颜色描绘的栩栩如生。

容像的绘制技法与其他书画一脉相承，是中国古代绘画中的重要组成部分。容像绘制长线条运用较多，线条表现是中国工笔绘画的精髓，而诗堂中对画像的生平介绍，又有很高的书法艺术价值。通过一幅幅容像作品，亡者终归祖先神灵庇佑，世事如云烟，生命终凋零，生者通过对容像崇拜，去追求祖先的绚烂事迹，作为中国艺术的一个符号，通过绘画形式保存在我们的文化记忆里。如今从这些收藏在博物馆容像中，我们可以看到古代画师的艺术水平，也可以做深入的研究，包括衣着服饰、生活向往、家庭礼仪等。就是这些家族或个人，也就是画像的供养人，他们请画匠画祖先，代代相传，留下来的卷卷画轴呈现给观众。徽州地处山区，潮气较重，尤其是皖南的梅雨季节，更是给民居中的木建筑及纸制品造成极大的损害。加上纸制品、丝织品的虫蛀、烟熏、霉变、破损等给我们文物工作者增加了更大的保护压力。至 2015 年，馆藏容像已经完成拍照、数据录入、整理、无酸质囊匣存放等工作，抢救和保护馆藏徽州容像艺术是我馆很紧急的任务。2020 年上半年，我馆容像已经完成修复公开招投标工作，下一步便开始将对馆藏容像进行全面修复，出版徽州容像最完整的画册，届时通过展览以飨读者。

彼美其容，冠服俨然 ①

——

《明代方仪童容像》人物及
服饰探微

北京化工大学博士后流动站
朗姿股份有限公司博士后工作站　　刘川渤

　　宋元以降，中国传统宗族发展出现了重大转型。朱子《家礼》将祭祖礼制提升到家国统治和伦理教化的高度，并成为民间敬宗收族的重要理论依据，礼制的下移促进了民间宗族的兴起。② 徽州作为朱熹故里，朱子《家礼》备受推崇，逐步成为徽州宗族建设的一种精神内核。清代程庭在其《春帆纪程》中描述徽州："其间社则有屋，宗则有祠。支派有谱，源流难以混淆。主仆攸分，冠裳不容倒置。" ③ 作为徽州宗族社会最为显著的表征，祠堂成为徽州人数百年来祖宗祭祀、追思、表功、颂德的重要场所，在祭祀活动时张挂衣冠端庄、神态威严的祖容像，是明清时期这一地区祖先祭祀的重要环节。

　　《歙县西溪汪氏先祠记》中记载："西溪之始迁，实自元宣教府君，以宣教为大宗，而诸宗从焉，礼也。……中为堂三间，奉越国像，冕笏命服，南面俨临，盖犹神之也。" ④ 徽州容像画师在表现中将陈规与个性结合于服饰、举止与面孔之上 ⑤，服饰礼仪对像主的尊重、服饰款式对其思想精髓的渗透和宣传，使服饰成为了身份建构和文化宣传的重要手段。徽州容像在明清时期需求较大，很多容像画师鬻技谋生，许多民间容像多无款识，已无从查证绘制者及像主的姓名事迹。

① 本文为国家社科基金艺术学重大项目"中华民族服饰文化研究"（项目编号：18ZD20）阶段成果。此幅容像现藏于安徽中国徽州文化博物馆，经考证，像主为明人方仪童，此幅作品为清代后人于乾隆庚申临作。
② 何巧云：《清代徽州祭祖研究》，北京联合出版公司，2017年，第16页。
③ （清）程庭：《春帆纪程》，（清）王锡祺撰：《小方壶斋舆地丛钞》第五帙，清光绪十七年上海著易堂铅印本。
④ （明）邵宝：《容春堂后集》卷二《歙县西溪汪氏先祠记》，（清）永瑢、纪昀等编纂：《钦定四库全书》，文渊阁本。
⑤ 文以诚：《自我的界限：1600—1900年的中国肖像画》，郭伟其译，北京大学出版社，2017年，第11页。

在安徽中国徽州文化博物馆馆藏的众多明清容像中，《明代方仪童容像》人物服饰精美独特，像赞、题跋篇幅较大，可考信息丰富，具有很好的研究价值。

一、画面布局及人物身份

此幅容像画面中间有一男子端坐于交椅之上，椅披为虎皮纹饰；其身后立一侍者，身形明显小于像主，双手合握于胸前；像主侧后方有一桌案，竖一花瓶并插花枝似为杜鹃，设香炉一鼎，置书籍一册；墙上饰文人山水画作一幅，整体风格清新雅致，秩序井然（图1）。类似这种画面布局的单人祖先容像在明清容像中较为常见，例如，故宫博物院藏明代《男像轴》、安徽博物院藏明代《妇人容像》、中国徽州文化博物馆藏明代《男子容像》、祁门县博物馆藏清代《男子容像》、歙县博物馆藏的《男子容像》和《女子容像》（图2—图7），等等。《朱子语类》

图1　清人临《明代方仪童容像》，中国徽州文化博物馆藏

记载："齐之以礼者，是使之知其冠婚丧祭之仪，尊卑小大之别，教化知所趋。"[①]容像中人物身形的大小和先后顺序、画面器物布置显然加入了绘制者的主观意识，体现了明清时期徽州地区在礼制下移影响下所呈现出的尊卑有序、主次鲜明的社会伦理关系。

因年久破损，此幅容像上方的像赞文字有部分缺失（图8），可辨识内容如下：

余宗本睦州白云源自□□宋故祖伯坚府君讳桂公，偕从弟相入歙谒。显祖

———————————
① （宋）黎靖德编：《朱子语类》卷二十三《论语五》，（清）永瑢、纪昀等编纂：《钦定四库全书》，文渊阁本。

图 2　明代《男像轴》，故宫博　图 3　明代《妇人容像》，安徽博物　图 4　明代《男子容像》，中国徽
物院藏　　　　　　　　　　　院藏　　　　　　　　　　　州文化博物馆藏

图 5　清代《男子容像》，祁门　图 6　明代《女子容像》，歙县博物　图 7　明代《男子容像》，歙县博物
县博物馆藏　　　　　　　　馆藏　　　　　　　　　　　馆藏

真应庙柳亭山瞻顾徘徊不能舍去。乃曰，歙吾祖乡也，风俗淳古，盍为复居之当。

元丰己未，始卜居歙，两马岭之阳，因其地产柘顾曰柘源，传至十三世分为六派。

宁杰府君讳闰公，乃余五派之始祖。公生子善府君，讳良师，公生子四□，以宁

府君即余二房支□，历今四百年矣。唯我□君存有遗像，音容宛在，殊□□慕之

思。府君讳仪童，□生于洪武壬子四月初十，□初从父迁罗田及兄弟分产，得马

岭祖基居之。兄弟友恭，应事物同举措不执己见，尝两总区税以民瘼闻于有司得

请减田租若干，绩编宗谱藏于家，殁于古塘源宣德壬子五月二十日，偕三四。两

房支祖合葬古塘虎形中穴，余父因年久恐遗像衡落，于乾隆庚申重临珍藏，历今

图8 《明代方仪童容像》上方像赞题字

图9 《明代方仪童容像》下方题字

又二十余年。原像益加剥损，今特装潢以便子姓瞻仰祭享，惟愿世世子孙勿替珍之。

乾隆二十八年癸未孟秋之吉 十一世孙滨百拜谨识。

从容像下方任蕃、胡宗鼎、龚遂良等五人题字内容可知①（图9），像主德才兼备，50岁去世，但像赞及此处文字内容均未明确提及像主家族的姓氏。笔者通过对徽州歙县柘源一带各姓家族族谱的查阅，在清乾隆十年（1745）印的《安徽歙县歙西柘源方氏宗谱》②中找寻到了家族及人物的关键信息。宗谱在《柘源方氏续修宗谱序》中记载："柘源方氏之谱盖仿欧苏两谱变通而成者也。天下之方皆以新安之歙为大宗，歙县之方，望于其乡者数十族，柘源其一也。诸方皆以汉黟侯储公为始祖。而柘源独近宗桂公。桂公者，唐处士元英先生十三世孙，先是先生之父肃公由歙东乡之丹阳迁浙之桐庐白云源，桂公复从白云源迁归歙家于

彼美其容，冠服俨然

---

① 容像下方题字："钟扶舆之清□，禀山川之秀气。习先哲之遗书，绍衣冠之家世。新重宇之仓英，增父兄之园地。酿美醖以招佳宾，集芳圃以乐乎良契。安天命之有常，□风月于无际。孰能起斯人于九原，重话羲皇以前之意。河南任蕃赞。""世袭衣冠，躬循规矩。神闲气清，人今心古。行年五十，厥德孔彰。乐善不倦，衍庆流芳。宗末芳佐拜题。""彼美其容，纯而且粹。冠服俨然，出乎其类。鑑□之孙，仙翁之裔。其生也德播于乡，其殁也名著于世。瓜瓞绵绵，引而勿替。噫！微斯人，其谁也欤？三衢胡宗鼎拜题。""伟伟风质，楚楚冠裳。渊源道学，璀璨文章。芝兰苗秀，华萼映芳。掌区万硕，德被一乡。於戏！吾皇运泰雍熙治，鼓舞昇平乐寿康。南昌龚遂良赞。""容貌端严，襟期洒落。不修不华，敦厚质朴。富而无骄，恭而近礼。瞻彼令人，高山仰止。养生毕仁题。"
② （清）佚名：《安徽歙县歙西柘源方氏宗谱》，清乾隆十年（1745）印。

柘源，在北宋元丰间，遂为柘源始迁祖。"

此外，宗谱记载了像赞中提到的"伯坚府君""仪童府君"以及"十一世孙滨"的信息：

"宋一世，方桂，字伯坚，睦州白云源人，宋大中祥符己酉五月二日生。为人严厚，性至孝，母病呕，刮骨疗之。好读书，兼精星数。身历世艰，遇事每能逆料。偕从弟相入歙谒柳亭山真应庙，徘徊瞻顾曰，歙吾祖乡也，风俗淳古，盍谋复居。当元丰己未，卜居于马岭之阳，因其地产柘号曰柘源，于外山建立神祠以塞空坳，寿八十二而终。娶胡氏有贤行，后府君祖，同葬吴塘坞口蛇形巳向。子曰英，详愚府君传。""方仪童，字以宁，洪武壬子四月十日生，初从父迁罗田及兄弟分产，复得马岭祖基，居之。兄弟友恭，应事物同举措不执己见，尝两总区税以民瘼闻于有司得请减田租若干，绩编宗谱藏于家，宣德壬子五月二十日卒，葬古塘源中穴卯向。娶汉口张氏，洪武丙辰二月十三日生，宣德庚戌十月十九日卒。葬荷塘下，子一福师，女三长适严镇汪，次适环山朱显，次适黄备张益。""方滨，一名翼，字圣陶，康熙丙子十月五日生，娶王村吴氏，继石岗汪氏。康熙丙戌五月二十二日生子五，广褚、伟褚、丰褚、树褚、辅褚，女三长适洪坑洪。"[1] 像主人物身份及家族世系便由此知晓。

二、容像人物服饰分析

（一）像主服饰分析

容像中的方仪童所穿服装应为明清士庶日常穿着中的一种，身着交领右衽袍，腰系绦带，脚踏皂靴，端坐于椅上。从像主人物服饰的侧面结构来看，其所着交领右衽袍无摆、有侧缝，应为直裰。绿色中衣上饰云纹，云头饱满，排布较紧凑，为明代中前期以后的式样（图10、图11）。以下是对方仪童所穿服饰内容和时代演化的扼要分析：

明代洪武三年（1370）规定士庶头戴四带巾，后改四方平定巾[2]，而后士庶

① 内容引自《续修柘源方氏宗谱》卷二《敬宗·一世至五世》、卷七上《明派·罗田十三世至十七世》和《明派·罗田二十三世至二十七世》。另参见中华方氏全族统谱编撰委员会编纂：《方氏全族统谱》上部卷十一《世系篇》，中国新闻出版社，2007年。
② （明）申时行、赵用贤等纂修：《大明会典》卷六十一《士庶巾服》，明万历本。

图 10　《明代方仪童容像》局部　　　　　　图 11　《明代方仪童容像》局部

巾帽趋于多样。容像中方仪童所戴巾帽呈方形，后戴披幅，此巾应为老人巾，《三才图会》中介绍："尝见稗官云，国初始进巾样。高皇以手按之，使后曰：'如此却好。'遂依样为之，今其制方顶前仰，后俯，惟耆老服之，故名老人巾。"①（图12—图15）宋代王得臣《麈史》中提到："近年如藤巾、草巾俱废，止以漆纱为之，谓之纱巾，而粘纱亦不复作矣。其巾之样始作前屈，原校杨作绌，钞本作绌。谓之敛巾，久之，作微敛而已。后为稍直者又变而后抑，谓之偃巾。"②根据描述，"敛巾"一物与老人巾的外观较为相似，具体的差异还需进一步论证，此处暂不作赘述。

　　从像主人物服饰的侧面结构来看，其所着交领右衽袍无摆、有侧缝，应为直裰。③直裰亦称"直掇"或"直敠"，宋代赵彦卫《云麓漫钞》中记载："古之中衣，即今僧寺行者直掇。"④直裰形制与道衣较为相似，古人常将此二服混

①（明）王圻、王思义撰：《三才图会·衣服》一卷，明万历三十七年（1609）原刊刻本。
②（宋）王得臣：《麈史》卷上，（清）永瑢、纪昀等编纂：《钦定四库全书》，文渊阁本。
③此处关于服饰内摆和外摆问题的部分观点参考了2020年9月19日中国国家博物馆主办的《中国古代服饰文物研究论坛》陈诗宇博士关于《内摆与外摆——两类特殊的明代男装结构》的报告。
④（宋）赵彦卫：《云麓漫钞》卷四，（清）永瑢、纪昀等编纂：《钦定四库全书》，文渊阁本。

图12　明代《三才图会》中的　图13　明初，佚名《常九四　图14　明代，邵锦绘《男女合像图　图15　清人临《明代方仪童容
老人巾，明万历三十七年（1609）太公像轴》（局部），大英　轴》（局部），故宫博物院藏　　像》（局部），中国徽州文化
原刊本　　　　　　　　　　　　博物馆藏　　　　　　　　　　　　　　　　　　　　　　　　　博物馆藏

为一物。① 明代吕毖《明宫史·内臣服配》记载："道袍，如外廷道袍之制惟加子领耳间有缀补。"② 而朱之瑜《朱氏舜水谈绮》中记载的道服腋下两侧开衩，带有内摆（图16），与直裰的形制有些许不同。宋元时期的直裰为文人士大夫阶层所喜爱；明代隆庆、万历年开始普遍用于文人、士大夫的常服和燕居服。③ 明代士庶的日常服饰色彩较为丰富，除黄、红二色禁止使用外，其颜色"黑、玄色、真青以上三种色不用，月白、翠蓝、天蓝、牙色、松花色、酱色、羊绒色、葱白、以上八种皆可用"。④ 因此，方仪童的直裰颜色与明代文人士庶的服饰颜色较为符合。

靴自赵武灵王胡服骑射将靴引入中原以后，经秦汉、隋唐、两宋，一直延续到清朝末年。靴最初为军戎所用，自隋代将其纳入朝服系统⑤，后多用于帝王和百官的朝服、公服或常服。⑥ 至明初，官民同着靴，洪武二十五年（1392）民间靴子现奢靡之风气，为区分贵贱有别，服制规定庶人不得着靴，只得着皮札䩺，违者严惩。⑦ 但违禁越规的现象依旧出现，明代顾起元在《客座赘语》中记载："（洪武）又二十六年（1393）八月榜文：'……为奸顽乱法事，节次据五城兵马司挐送到犯人颜锁住等，故将原定皮札䩺样制，更改作半截靴。短䩺靴，里儿与靴䩺一般长，安上抹口，俱各穿着，或卖与人，仍前自便于饮酒、宿娼、行走

① （明）王世贞：《觚不觚录》，（清）永瑢、纪昀等编纂：《钦定四库全书》，文渊阁本。
② （明）吕毖：《明宫史》卷三，（清）永瑢、纪昀等编纂：《钦定四库全书》，文渊阁本。
③ （明）范濂：《云间据目钞》卷二《记风俗》，民国十七年（1928）本。
④ （明）朱之瑜：《朱氏舜水谈绮》，华东师范大学出版社，1988年，第85—89页。
⑤ （清）张廷玉等撰：《明史》卷六十七《志第四十三·舆服三》，中华书局，1974年，第1649—1650页。
⑥ （清）顾起元：《客座赘语》卷十，明万历四十六年（1618）顾起元刻本。
⑦ （清）张廷玉等撰：《明史》卷六十七《志第四十三·舆服三》，中华书局，1974年，第1650页。

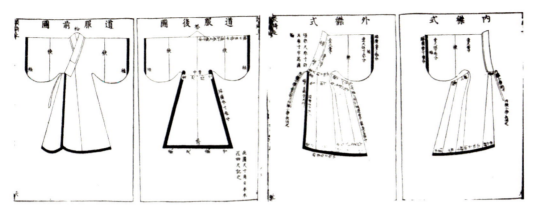

图16　明代，朱之瑜绘《朱氏舜水谈绮》中绘制的道服形制结构图

图17　清人临，《明代方仪童容像》（局部），中国徽州文化博物馆藏

图18　《明代方仪童容像》局部装饰纹样

图19　《明代方仪童容像》局部装饰纹样

摇摆，该司送问罪名，本部切详。'"[1]方仪童脚着黑靴（图17），按年代来看，方仪童在宣德时期去世，应在"庶民禁靴"旨令之后，容像所着皂靴相对绘制时的服饰制度存在僭越现象。

此幅容像的像主服饰较其他容像具有一定的独特性，仔细观察，不难发现其服饰面料上呈现形状、颜色、大小不一的贴缝装饰，外形轮廓有"铜钱"形（图18）、"金银锭"形（图19）、"矩形"等形状、。安徽博物院藏明代《由溪始迁祖保一公容像》（图20）、美国弗利尔美术馆藏明代《唐代小李将军李昭遣容像》（图21）服饰中也出现类似情况，施加装饰的位置多在领口、腹部前中、侧缝处，目前古代文献与今人研究中暂未发现相关记载。笔者推测，古代祖先容像服饰多奢贵庄重，这些装饰应是有意装饰，方仪童容像服饰中的"矩"形、"铜钱"形、"金银锭"

213

彼美其容　冠服俨然

① （明）顾起元：《客座赘语》卷十，明万历四十六年（1618）顾起元刻本。

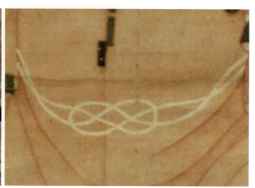

图 20　明代《由溪始迁祖保　图 21　　明代《唐代小李将军　图 22　《明代方仪童容像》腰部绦带
一公容像》（局部），安徽　李昭遗容像》（局部），美
博物院藏　　　　　　　　国弗利尔美术馆藏

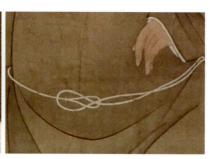

图 23　元代赵孟頫绘《苏　图 24　明代德化白瓷苏轼（局部），图 25　明代《男像轴》（局部），故宫博
东坡小像》（局部），台北　故宫博物院藏　　　　　　　　物院藏
故宫博物院藏

形等纹饰可能有"规矩""富贵""福禄"等寓意，这些美好寓意的纹样或许包含了对祖先的恭敬赞美或祈愿之意。

　　像主腰系丝绦带，打着盘结（图 22）。《礼记·玉藻》："而素带，终辟，大夫素带，辟垂，士练带，率，下辟，居士锦带，弟子缟带，并纽约用组。"[1]古代君臣士庶所系的带通过和装饰区别身份等差。东汉班固《白虎通义》："所以必有绅带者，示谨敬自约整。缋缯为结于前，下垂三分，身半，绅居二焉。"[2]清曹庭栋《养生随笔》："古人轻裘缓带，缓者宽也，若紧紧束缚，未免腰间拘板。少壮整饬仪容，必紧束垂绅，方为合度。"[3]说明古人将系带视为君子风度和德行的体现。从图像中来看，一些古代士庶服饰不见腰带，腰部仅装饰丝绦，系扎垂穗或直接打上精致的盘结（图 23—图 25）。

　　（二）侍者服饰分析

　　方仪童身后的侍者正身而立，着深色交领右衽衣，内着白色中单，梳双髻，

---

① （清）阮元校刻：《十三经注疏》，中华书局，1980 年，第 1480—1481 页。
② （东汉）班固：《白虎通义》卷八，（清）永瑢、纪昀等编纂：《钦定四库全书》，文渊阁本。
③ （清）曹庭栋：《养生随笔》卷三，文瑞楼石印本。

图 26　清人临，《明代方仪童容像》　图 27　清人临，《明代方仪童容像》
中侍者服饰　　　　　　　　　　　中侍者服饰

双手握于胸前，左臂搭一白色汗巾，神态怡然端庄（图26、图27）。《明史·舆服志》记载："士庶妻冠服：……小婢使，双髻，长袖短衣，长裙。"[①] 双髻、长袖短衣、长裙的装扮应与安徽博物院藏明代《无款夫妇容像》中的侍者服饰一致（图28）。仔细观察此幅容像，虎纹椅披后露出其下身的一小部分，侍者并非短衣长裙的穿扮，而应与故宫博物院藏吕纪、吕文英合绘的《竹园寿集图卷》中白色衣服的侍者服饰属同类（图29），为上衣下裤的装扮，这类服饰是较为典型的明代庶民服饰。

三、结语

通过对《明代方仪童容像》人物及服饰的研究，我们可初步推断：

第一，从《安徽歙县歙西柘源方氏宗谱》的世系图中得知，方仪童为歙西柘源方氏十五世祖，方滨为歙西柘源方氏二十五世祖，即为方仪童的十一世孙。显然，容像上下方的文字内容与《安徽歙县歙西柘源方氏宗谱》记载的人物信息相吻合，容像像主应为生活在明洪武五年（1372）至明宣德七年（1432）的方仪童，他的十一世孙方滨为清康熙三十五年（1696）生人，此幅容像重临于清乾隆五年（1740），后经重裱，提赞时间为清乾隆二十八年（1763）。

第二，方仪童服饰为较为典型的明代士庶服饰搭配，容像中像主着靴不符

彼美其容：冠服俨然

[①]（清）张廷玉等撰：《明史》卷六十七《志第四十三·舆服三》，中华书局，1974年，第1649—1650页。

图 28 明代，佚名《无款夫 图 29 明代，吕纪、吕文英合绘，《竹园寿集图卷》（局
妇容像》（局部），安徽博 部），故宫博物院藏
物院藏

服制的现象，一方面可能是在绘制原容像时，当时社会对服饰僭越的容忍程度
有所放松，不似明洪武时期那么严厉；另一种可能，不排除后人在临画时进行
了些许改动，但从整体服饰形制及纹饰来看，画师在临摹时较大程度地遵照了
原画内容。

　　第三，方仪童服饰上独特的"矩"形、"铜钱"形、"金银锭"形等纹饰
或与子孙后代对祖先品行的赞扬和对生活的期许祝福有关，是明代地方社会思想
文化的一种表现形式，由于缺乏论据，此问题还有待深入探究。

　　徽州容像作为宗族祭祀的重要组成部分，祖先仪容相貌与服饰是对传统地
方宗族历史、思想文化、身份荣宠等方面的直观的反映，也是古代徽州人传播家
族礼制、进行伦理教化的重要载体。然而，受自然和历史因素影响，很多原本收
藏在家族中、祭祀悬挂的容像散落各处，现多被博物馆及私人藏家收藏，许多宗
族后代对家族祖先衣容样貌全然不知。还有一些保存较好的宗祠悬挂着当代容像
画师绘制祖宗容像用于祭拜，但容像绘制工艺相比古代显得粗糙，画师缺乏对古

代服饰文化的认知，导致容像服饰出现了很多谬误。对此幅容像人物及服饰的研究，将会对徽州容像服饰与徽州社会文化的关联性，以及徽州容像服饰在礼制下移影响下所体现的徽州地区文化特色等方面的研究提供一些有益的思路。

彼美其容，冠服俨然

图书在版编目（CIP）数据

徽州容像／安徽中国徽州文化博物馆编．

—— 北京：北京联合出版公司,2020.12

ISBN 978-7-5596-4706-1

Ⅰ．①徽…Ⅱ．①安…Ⅲ．①肖像画-美术考古-徽州地区

Ⅳ．① K879.49

中国版本图书馆 CIP 数据核字 (2020) 第 222783 号

徽州容像

编委会

主　编：章望南

副主编：姚昱波

编　委：石　嫱　吴艳梅　程　硕　刘伟文　姚国文

　　　　朱华君　姚文孙　方　晔　金　蕾

出 品 人：赵红仕

责任编辑：章懿

书籍设计：漆苗苗

出版发行：北京联合天畅文化传播有限公司

北京联合出版有限责任公司

社　　址：北京市西城区德外大街 83 号楼 9 层

邮　　编：100088

电　　话：(010) 64256863

印　　刷：北京富诚彩色印刷有限公司

开　　本：787mm×1092mm　1/16

字　　数：200 千字

印　　张：14

版　　次：2020 年 12 月第 1 版

印　　次：2020 年 12 月第 1 次印刷

ISBN 978-7-5596-4706-1

定　　价：298.00 元

文献分社出品